四訂版

入門者および初級者のための

ロシア語文法ハンドブック

寺田吉孝

アーバンプロ出版センター

はじめに

　ロシア語の教科書には、優れたものが数多くあります。特に、ソ連邦崩壊後は、若者達にも興味を抱かせるような楽しい内容のものが次々と出版されています。何れも工夫を凝らした素晴らしい出来映えのものなのですが、使ってみると、やはり短所も見受けられます。楽しい内容の教科書は、語形変化等の文法説明が不足しており、体系的でないというのが一番の短所です。本書は、このような教科書の補助教材として作成されています。ですから、本書の内容を楽しいものにしようという努力はしていません。ただ文法説明が淡々と（しかし簡潔に！）行われているだけです。注意しておきたいのですが、本書の内容を丸暗記するだけでは、ロシア語はうまくなりません。でも、教科書を勉強していく段階で生じた文法的な内容の疑問点に答えたり、教科書で学んだ内容を整理したりするためには、非常に効果的な参考書だと思います。

　本書は、大学の第２外国語としてロシア語を学習されている方には１年半〜２年ほど、ロシア語を専門に勉強されている方には、１年〜１年半の使用に耐えるように編集されています。すなわち、入門者と初級者を読者と想定し、できる限りコンパクトで平易な文法便覧にすることを目指しました。そのため、最も基本的な文法事項だけに絞り、いくつかの文法事項（集合数詞、主語と述語の一致、語順など）に関しては、まとまった記述はなされていません。そのため、中級以上の学習段階に到達された方は、日本やロシアで発行されている他の本格的な文法参考書を使っていただくことを希望いたします。

　本書の作成にあたっては、多くの方々のお世話になりました。ヴラヂーミル大学のユーリイ・シェルバコーフ先生とナヂェージダ・イリイーナ先生には、外国人にロシア語を教える専門家として貴重なご助言をいただき、本書に盛り込むべき内容の吟味をしていただきました。また、道新文化センターのロシア語講座受講生の酒井郁子さんには、校正をしていただいたり、学習者の立場からの有益なご助言をいただいたりしました。また、北海学園大学および札幌医科大学非常勤講師のエレーナ・ヘインズ先生には、編集の最終段階でのロシア語の校閲を引き受けていただきました。この場をお借りして皆様にお礼申し上げます。

　本書は、全てワープロで書かれており、改訂が非常に容易になっています。できる限り頻繁に改訂していきたいと考えております。お気づきの点があれば、何とぞお知らせいただきますようお願い申し上げます。

2004 年 9 月

筆者

四訂版発行に際して

　改訂のたびに、いくつかの文法事項の記述を追加したり、巻末の基礎語彙集をロシア語検定３級レベルに変更したりしてきました。この四訂版においてもいくつかの文法事項を追加し、さらに、百カ所以上の記述を分かりやすく書き換えました。

　この場を借りて、誤りや誤植ご指摘いただいた方々に感謝いたします。四訂版に関しても、お気づきの点があれば、何とぞお知らせいただきますようお願い申し上げます。

2020 年 4 月

筆者

目　次

本編

文字と発音

при́городный вокза́л Новосиби́рск и ста́нция Новосиби́рск-Гла́вный
（郊外列車のノヴォシビルスク駅とシベリア鉄道のノヴォシビルスク中央駅）

1 ロシア語のアルファベット

白抜きの文字は母音字

文字		名称	発音	発音方法（特徴）
А	а	а	[a]	はっきりと「ア」
Б	б	бэ	[b]	book の b；「ブ」の頭の子音
В	в	вэ	[v]	上の前歯を下唇の内側に軽く触れて発音する；「ヴ」の頭の子音
Г	г	гэ	[g]	good の g；「グ」の頭の子音
Д	д	дэ	[d]	dog の d；「ド」の頭の子音
Е	е	е	[je]	yes の ye の音；「ィエ」
Ё	ё	ё	[jo]	はっきりと「ヨ」；常にアクセントを有する
Ж	ж	жэ	[ʒ]	「イ」の発音時の舌位置で、唇を丸めて measure の s を発音する；ш の有声音；「ジュ」の頭の子音
З	з	зэ	[z]	zoo の z；「ズ」の頭の子音
И	и	и	[i]	はっきりと「イ」
Й	й	и кра́ткое	[j]	year の y；「ヤ」、「ユ」、「ヨ」の頭の音
К	к	ка	[k]	park の k；「ク」の頭の子音
Л	л	эл	[l]	舌先を前歯の裏につけて「ル」の頭の子音
М	м	эм	[m]	mama の m；「ム」の頭の子音
Н	н	эн	[n]	no の n；「ヌ」の頭の子音
О	о	о	[o]	唇を丸めて、はっきりと「オ」
П	п	пэ	[p]	papa の p；「プ」の頭の子音
Р	р	эр	[r]	巻き舌の「ル」の頭の子音
С	с	эс	[s]	sun の s；「ス」の頭の子音
Т	т	тэ	[t]	text の t；「ト」の頭の子音

У	у	у	[u]	唇を丸めて、強くはっきり「ウ」
Ф	ф	эф	[f]	上の前歯を下唇の内側に軽く触れて「フ」の頭の子音
Х	х	ха	[x]	「ク」を発音する要領で、のどの奥の方で「フ」と発音する
Ц	ц	цэ	[ts]	bats の ts；「ツ」の頭の子音
Ч	ч	че	[tʃ']※	church の ch；「チ」の頭の子音
Ш	ш	ша	[ʃ]	「イ」を発音する時の舌の位置で、唇を丸めて dish の sh を発音する；「シュ」の頭の子音
Щ	щ	ща	[ʃ'ʃ']※	「シ」の頭の音；ただし、しっかり「イ」の口構えをし、他の子音より長めに発音する；「シシ」
Ъ	ъ	твёрдый знак		硬音記号（ 2 参照）
Ы	ы	ы	[ɨ]	「ウ」の口構えで「イ」と発音する；「ゥイ」
Ь	ь	мягкий знак		軟音記号（ 2 参照）
Э	э	э	[e]	はっきりと「エ」
Ю	ю	ю	[ju]	はっきりと「ュ」
Я	я	я	[ja]	はっきりと「ヤ」

※ 発音記号［ ’ ］は、直前の子音字を「イ」の口構えで発音することを示す

    解説

1．上記の発音方法は、簡略化して説明しているので、実際の発音とはかけ離れたものになるおそれがある。教室で先生の発音指導を受けたり、音声教材等の助けも借りたりしながら何度も練習しなければならない。

2．白抜きの文字（母音字）と ъ、ь 以外は子音であるということに注意すること。

2 文字と発音、硬音と軟音

（1）母音と子音

硬母音字	а	ы	у	э	о
軟母音字	я	и	ю	е	ё

有声子音	б	в	г	д	ж	з	л	м	н	р	й	-	-	-	-
無声子音	п	ф	к	т	ш	с	-	-	-	-	-	х	ц	ч	щ

1．上の表のように、整理して文字を覚えるようにしよう。

2．有声子音とは、声帯を震わせて発音する子音であり、一方、無声子
　音は、声帯を震わせずに発音する子音である。

3．л, м, н, р, й 以外の有声子音には、調音点の等しい無声子音がある。
　日本語の清音・濁音の対応に類似している。

（2）硬音記号と軟音記号

硬音記号 ъ	子音と軟母音字の間に置かれ、子音と軟母音字を結合させずに発音させる（分離記号）。 　съесть［ス・ィエースチ］食べる　　（сесть［シェースチ］座る）
軟音記号 ь	① 硬子音※の後に付けて、軟子音※化させる。день［チェーニ］日 ② さらに、軟音記号の後に軟母音字が続く場合は、分離記号のはたらきもする。　семья́［シェミ・ヤー］家族

※ 右ページの（3）を参照

（3）硬子音と軟子音

硬子音	後に母音を伴わない時、「ウ」の口構えで発音される子音 **б, в, г, д, ж, з, к, л, м, н, п, р, с, т, ф, х, ц, ш** ※これらの子音が硬母音字（а, ы, у, э, о）を後に伴う時は、ローマ字読みの感じで発音すればよい。
軟子音	後に母音を伴わない時、「イ」の口構えで発音される子音 **ч, щ, й**
	硬子音は、後に軟音記号 **ь** を伴う時に軟子音化し、「イ」の口構えで発音される。なお、軟子音を発音記号で表す時、['] を用いて表す。 例）　**бь** [b'], **вь** [v'], **дь** [d'], **зь** [z'], **ль** [l'], **мь** [m'], **нь** [n'], 　　**пь** [p'], **рь** [r'], **сь** [s'], **ть** [t'], **фь** [f']
	硬子音は、後に軟母音字を伴う時、軟子音化し、「イ」の口で発音される。　　例）　**мя** [m'a]　**мю** [m'u]　**мё** [m'o]

（例外1）**гь, кь, хь** の結合は、用いられない。

（例外2）**ж, ш, ц** は、軟子音化しない。つまり、**ь** が付いても付かなくても発音は常に硬音（**жь** = **ж**, **шь** = **ш**, **ць** = **ц**）。また、軟母音字を伴うこともあるが、常に硬音として発音される（**жё** = **жо**, **шё** = **шо**, **ци** = **цы**, **це** = **цэ**）。

（例外3）**ч** と **щ** は、もともと軟子音なので、**ь** が後に付いて **чь, щь** という結合になっても、発音は変わらない（**ч** = **чь**, **щ** = **щь**）。また、後に硬母音字を伴っても、決して硬子音にはならない（**чо** = **чё**, **що** = **щё**）。

（例外4）**й** は、普通、母音の後に来る。まれに、後に母音を伴うことがあるが、子音や軟音記号を伴うことはない。

3　子音・母音結合、正書法、アクセント

（1）「子音＋母音字」の結合

ба	ка	га	ха	ца	ша	жа	ща	ча
бы	(кы)	(гы)	(хы)	цы	шы	жы	щы	чы
бу	ку	гу	ху	цу	шу	жу	щу	чу
бэ	(кэ)	(гэ)	(хэ)	(цэ)	(шэ)	(жэ)	щэ	чэ
бо	ко	го	хо	цо	шо	жо	що	чо
бя	(кя)	(гя)	(хя)	(ця)	шя	жя	щя	чя
би	ки	ги	хи	ци	ши	жи	щи	чи
бю	(кю)	(гю)	(хю)	(цю)	шю	жю	щю	чю
бе	ке	ге	хе	це	ше	же	ще	че
бё	(кё)	(гё)	(хё)	(цё)	шё	жё	щё	чё

1．б, в, д, з, л, м, н, п, р, с, т, ф (к, г, х, ц, ш, ж, щ, ч 以外の子音) は、後に結合できない母音字はない。表では、б と母音字の結合を代表として挙げておく。

2．表のように、子音 к, г, х, ц, ш, ж, щ, ч は、後に結合できる母音字に制限がある。（ ）内の結合が用いられるのは、非常にまれである。また、斜線の入った部分の結合は、普通、用いられない。 2 の(3)を参照。

（2）正書法の規則

> **Г, К, Х や Ж, Ч, Ш, Щ　の後には、**
> **ы, ю, я を書かずに、それぞれ и, у, а を書く**

　正書法の規則は、一部の例外（外来語、外国人の名前）を除くすべてのロシア語の単語に当てはまるものである。特に、名詞、形容詞などの変化語尾を学習する際に重要になってくる。

（3）発音に注意すべき音結合

дя – жа – зя	日本語の「ジャ」の音に似ているが、それぞれ異なる	舌先の位置に注意して発音すること
ся – ша – ща	日本語の「シャ」の音に似ているが、それぞれ異なる	
тя – ча	日本語の「チャ」の音に似ているが、それぞれ異なる	

（4）アクセント

アクセントのある母音	強く長くハッキリと発音する	до́ма ［ドーマ］家で па́па ［パーパ］パパ
アクセントのない母音	弱く短くあいまいに発音する	кино́ ［キノー］映画館 икра́ ［イクラー］イクラ

1. 原則として、単語にはアクセントのある母音が1つある。アクセントを間違えて発音すると、通じなくなる場合や別の単語になってしまう可能性があるので、アクセントの位置はしっかりと覚えなければならない。

2. 教科書や辞書などの学習用の書籍では、アクセントのある母音の上にアクセント記号「 ́ 」が付けられる。しかし、一般の書籍には、アクセント記号が付けられることはない。

3. 母音が1つだけの単語の場合、その母音にアクセントがあるのが自明なので、教科書や辞書などでも、アクセント記号を付けないことが多い（本書でも、母音が一つの単語の場合、アクセント記号は付けないことにする）。

　　また、アクセントのある母音が大文字で表される場合もアクセント記号は付けられないことが多い。

4. **母音「 ё 」は、常にアクセントを持つ**特殊な母音字である。よって、わざわざアクセント記号を付ける必要もないので、アクセント記号は付けられることはない。　　　　ёлка ［ヨールカ］クリスマスツリー

　※ 紛らわしいことなのだが、一般の書物では、「ё」を使わずに、その代わりに「е」と書かれることもある。

4 　母音・子音の音変化、子音の特殊な発音

（１）母音・子音の音変化（綴り字と発音が異なる場合）

　ロシア語は、英語と異なり、綴り字と発音が一対一にほぼ対応しているので、アクセントの位置に注意して、ローマ字式に読めばよい。綴り字と発音がはっきりと異なるのは、以下のような場合である。

母音の音変化

綴 り 字	発 音
1. アクセントのない о	a と同じ 　（例）окно́［アクノー］窓
2. アクセント母音の前に来る я	и と e の中間の音 （例）язы́к［イ(ェ)ズィーク］言語
3. アクセント母音の前に来る e	сестра́［シ(ェ)ストラー］姉妹

※ 2.と 3.はスペリング通りに発音しても通じる。しかし、ロシア人の発音を聞き取れるようにする必要がある。

子音の音変化

	綴 り 字	発 音
無声化	語末に来る有声子音 б, в, г, д, ж, з	対応の無声子音 п, ф, к, т, ш, с （例）раз［ラース］度、回 ［с］
無声化	無声子音の前に来る有声子音 б, в, г, д, ж, з	対応の無声子音 п, ф, к, т, ш, с （例）во́дка［ヴォートカ］ヴォッカ ［т］
有声化	有声子音 б, г, д, ж, з（в が除かれる点に注意）の前に来る 無声子音 п, ф, к, т, ш, с	対応の有声子音 б, в, г, д, ж, з （例）сда́ча［ズダーチャ］釣銭 ［з］

1．[2] で示した子音の表をもう一度以下に記す。これらの子音の内、音変化が生じるのは、白抜きの 6 組 12 の子音である。

有声子音	б	в	г	д	ж	з	л	м	н	р	й	-	-	-
無声子音	п	ф	к	т	ш	с	-	-	-	-	-	х	ц	ч	щ

2．有声子音 л, м, н, р, й には音変化が生じることはないし、前後に来る子音（有声子音、無声子音）に音変化を生じさせもしない。

3．子音の後に軟音記号 ь が付く時も、上記の音変化（無声化、有声化）は同じように起こる。

кровь ［クローフィ］血、　ре́дька ［リェーチカ］大根
　［фь］　　　　　　　　　　　　　［ть］

про́сьба ［プロージバ］願い事
　［зь］

（2）子音の特殊な発音

綴り字	発音	例	注意事項
сш, зш	[шш]	**сш**ить, ни́**зш**ий	
сж, зж	[жж]	**сж**ать, приез**ж**а́ть	
сч, зч, жч	[щ]	**сч**а́стье, муж**ч**и́на	
ждь	[щ]	до**ждь**	
тч, дч	[чч]	лё**тч**ик, перево́**дч**ик	
тс, дс	[ц]	де́**тс**кий, горо**дс**ко́й	
стн	[сн]	изве́**стн**ый	
здн	[зн]	по́**здн**ий	
чт	[шт]	**чт**о	[чт]と発音する単語もある（мечта́, **чт**е́ние）
чн	[шн]	коне́**чн**о「もちろん」、ску́**чн**ый	[чн]と発音する単語もある（то́**чн**ый）
г	[в]	его́, но́во**г**о	変化語尾の中にある го
	[х]	бо**г**, лег**к**о́	
тся, ться	[цца]	роди́**тся**, роди́**ться**	-ся 動詞の変化語尾

5 イントネーション

ИК-1

Это кни́га.　　　これは本です。

Он идёт на рабо́ту.　　　彼は職場へ行くところです。

ИК-2

Что э́то?　　　これは何ですか？

Где Вы живёте?　　　あなたはどこにお住まいですか？

ИК-3

Это кни́га?　　　これは本ですか？

У Вас есть брат?　　　あなたには兄弟がいますか？

ИК-4

А э́то что?　　　ところで、これは何ですか？

ИК-5

Кака́я хоро́шая пого́да!　　　何て良い天気なんだ！

1. イントネーションとは、話したり、読んだりするときに、断定、疑問、感嘆などの意味を表すために用いられる声の調子のことである。

2. ロシア語のイントネーションは、普通、5つに分類される。これをイントネーションの型（интонацио́нная констру́кция；略して**ИК**）と言う。

3. ロシア語のイントネーションの型（**ИК**）は左記の通りであるが、少し説明を加える。

ИК-1	平叙文で用いられる	文尾の単語のアクセント母音から急激に音調を下降させて発音する。
ИК-2	疑問詞のある疑問文で用いられる	疑問詞のアクセント母音を高い音調で、やや強く、発音する。文尾の音調は下降させて発音する。
ИК-3	疑問詞のない疑問文で用いられる	疑問の中心になる単語のアクセント母音を急激に音調を上げて発音し、その直後から急激に音調を下げて発音する。
ИК-4	「ところで、〜は？」の意味の疑問文で用いられる	文尾の音調を上昇調で発音する。聞き返したり、新たに質問を付け加えたりするときに用いられる。
ИК-5	感嘆文で用いられる	感嘆の対象になる語句（「как＋副詞」、「како́й＋形容詞＋名詞」など）を強く、高い音調で発音する。文尾は下降調で発音する。

（会話例）

– Как до́лго мы не ви́делись!【ИК-5】　Как Вы живёте?【ИК-2】
　お久しぶりです。　　　　　　　　　　　　　　お元気ですか。

– Хорошо́, спаси́бо.【ИК-1】　А Вы?【ИК-4】
　元気です。ありがとうございます。　ところで、あなたは。

– Я то́же хорошо́.【ИК-1】
　私も元気です。

6 ロシア語のアルファベットによる日本語の表記

あ	い	う	え	お					
а	и	у	э	о					
か	き	く	け	こ	が	ぎ	ぐ	げ	ご
ка	ки	ку	кэ	ко	га	ги	гу	гэ	го
さ	し	す	せ	そ	ざ	じ	ず	ぜ	ぞ
са	си	су	сэ	со	**дза**	**дзи**	**дзу**	**дзэ**	**дзо**
た	ち	つ	て	と	だ	ぢ	づ	で	ど
та	ти	**цу**	тэ	то	да	**дзи**	**дзу**	дэ	до
な	に	ぬ	ね	の					
на	ни	ну	нэ	но					
は	ひ	ふ	へ	ほ	ば	び	ぶ	べ	ぼ
ха	хи	**фу**	хэ	хо	ба	би	бу	бэ	бо
ま	み	む	め	も	ぱ	ぴ	ぷ	ぺ	ぽ
ма	ми	му	мэ	мо	па	пи	пу	пэ	по
や		ゆ		よ					
я		ю		**ё**					
ら	り	る	れ	ろ					
ра	ри	ру	рэ	ро					
わ				ん					
ва				**н**					

きゃ		きゅ		きょ	ぎゃ		ぎゅ		ぎょ
КЯ		КЮ		КЁ	ГЯ		ГЮ		ГЁ
しゃ		しゅ		しょ	じゃ		じゅ		じょ
СЯ		СЮ		СЁ	**ДЗЯ**		**ДЗЮ**		**ДЗЁ**
ちゃ		ちゅ		ちょ	ぢゃ		ぢゅ		ぢょ
ТЯ		ТЮ		ТЁ	**ДЗЯ**		**ДЗЮ**		**ДЗЁ**
にゃ		にゅ		にょ					
НЯ		НЮ		НЁ					
ひゃ		ひゅ		ひょ	びゃ		びゅ		びょ
ХЯ		ХЮ		ХЁ	бя		бю		бё
みゃ		みゅ		みょ	ぴゃ		ぴゅ		ぴょ
МЯ		МЮ		МЁ	ПЯ		ПЮ		ПЁ
りゃ		りゅ		りょ					
РЯ		РЮ		РЁ					

解説

1.「つまる音」は、子音を重ねる。　「さっぽろ」 Cáппоро

2.「長音」は、母音1文字で表す。「いちろう、イチロー」Итиро́、「おおさか」Óсака

3.「ん」の後に母音が来るときは、ъ をいれる。　「しんいち」 Синъи́ти

4.「きょ」は、кио と書く場合も多い。「きょうと」 **Кио́**то

5. 母音に続く「い」は、й を用いることがある。「ほっかいどう」Хокка́йдо

6. б, м, п の前に来る「ん」は、ふつう、м で表される。「なんば」 На́мба

7. 語頭の「よ」は、ふつう、йо と表される。「よねざわ」 **Й**онэдза́ва

8.「ち」は чи と書かれる場合もある。

9.「子音＋え」、たとえば「て」とか「ね」を тэ, нэ ではなく、те, не と書かれる場合もある。

参考　主な日本の地名

　日本の地名には、ロシア語のような強弱アクセントは本来存在しないのだが、ロシア人が日本の地名、人名を発音する際は、ロシア語風の強弱アクセントを付けて発音するのが普通である。参考までに、その際のアクセントの位置を示しておく。

東京（とうきょう）	Tóкио	北海道（ほっかいどう）	Хокка́йдо
横浜（よこはま）	Йокога́ма※	山形（やまがた）	Ямага́та
大阪（おおさか）	Óсака	群馬（ぐんま）	Гу́мма
名古屋（なごや）	Наго́я	静岡（しずおか）	Сидзуо́ка
札幌（さっぽろ）	Cа́ппоро	愛知（あいち）	Ай́ти
神戸（こうべ）	Ко́бэ	和歌山（わかやま）	Вакая́ма
京都（きょうと）	Кио́то	鳥取（とっとり）	Тотто́ри
福岡（ふくおか）	Фукуо́ка	銀座（ぎんざ）	Ги́ндза
川崎（かわさき）	Каваса́ки	大通（おおどおり）	Одо́ри
広島（ひろしま）	Хироси́ма	定山渓（じょうざんけい）	Дзёдзанкэй

※ これは特例。ちょっと変な感じがするが、「よこはま」の「は」は、ха とは書かず、普通 га と書かれる。日本語の「は」だけでなく、英語の ha も га で表されることがある。
　Hawaii 「ハワイ」 Гава́йи

コラム① 会話表現（挨拶など）

<table>
<tr><th>ロシア語表現</th><th>意味</th><th colspan="3">備考</th></tr>
<tr><td>Здра́вствуйте.
ズドラーストヴィチェ</td><td rowspan="3">おはよう
今日は
今晩は</td><td rowspan="3">朝昼晩いつでも用いることができる</td><td colspan="2" rowspan="2">-теのある語形は、遠慮の要る人に対して or 複数の人に対して用いる、一方 –теのない語形は、遠慮の要らない人に対して用いる</td></tr>
<tr><td>Здра́вствуй.
ズドラーストヴィ</td></tr>
<tr><td>Приве́т.
プリヴィエート</td><td colspan="2">くだけた表現</td></tr>
<tr><td>До́брое у́тро.
ドーブライェ・ウートラ</td><td>おはよう</td><td>朝だけ用いることができる</td><td colspan="2" rowspan="3">誰に対してでも用いることができる
（遠慮の要る間柄の人でも、遠慮の要らない間柄の人でも、複数の人に対してでも）</td></tr>
<tr><td>До́брый день.
ドーブルィィ・ヂェーニ</td><td>今日は</td><td>昼だけ用いることができる</td></tr>
<tr><td>До́брый ве́чер.
ドーブルィィ・ヴェーチェル</td><td>今晩は</td><td>晩だけ用いることができる</td></tr>
<tr><td>До свида́ния.
ダスヴィダーニヤ
＜一つの単語のように続けて発音する＞</td><td rowspan="2">さようなら</td><td colspan="3">誰に対してでも用いることができる</td></tr>
<tr><td>Пока́.
パカー</td><td colspan="3">友人同士で用いられるくだけた表現</td></tr>
<tr><td>Споко́йной но́чи.
スパコーイナィ・ノーチ</td><td>お休みなさい</td><td colspan="3">誰に対してでも用いることができる</td></tr>
<tr><td>Спаси́бо.
スパシーバ</td><td>ありがとう</td><td colspan="3">誰に対してでも用いることができる</td></tr>
<tr><td>Большо́е спаси́бо.
バリショーィエ・スパシーバ</td><td>どうもありがとうございます</td><td colspan="2">большо́е「大きな」が付くことにより、強調の意味が加えられる</td><td>誰に対してでも用いることができる</td></tr>
<tr><td>Пожа́луйста.
パジャールスタ</td><td>どういたしまして
どうぞ</td><td colspan="3">誰に対してでも用いることができる
丁寧さを加えるため、命令形に加えて用いられることが多い</td></tr>
<tr><td>Скажи́(те), пожа́луйста.
スカジー（チェ）・パジャールスタ</td><td>ちょっとすみませんが</td><td>英語のExcuse me.と同類の表現</td><td rowspan="2">-теのある語形は、遠慮の要る人に対して、あるいは、複数の人に対して、用いる。一方、-теのない語形は、遠慮の要らない人に対して用いる</td><td rowspan="3">пожа́луйстаは、付加しなくてもよいが、付加すると丁寧さが加わる</td></tr>
<tr><td>Извини́(те), пожа́луйста.
イズヴィニー（チェ）・パジャールスタ</td><td>どうもすみません</td><td>英語のI'm sorry.と同類の表現</td></tr>
<tr><td>Ещё раз, пожа́луйста.
イ（エ）ッショー・ラース・パジャールスタ</td><td>もう一度お願いします</td><td colspan="2">誰に対してでも用いることができる</td></tr>
</table>

導入編

Пéрвое сентября́

(9月1日)

7 | 簡単な平叙文

(1) 「〜である、〜です」を表す文

1. **Э́то Мари́на.**　この人はマリーナです。

2. **Э́то по́чта.**　これは郵便局です。

3. **Я студе́нт.**　私は学生です。

4. **Анто́н – инжене́р.**　アントンはエンジニアです。

解説

1. 英語では「〜である、〜です」といった連辞の意味を be 動詞で表すが、ロシア語にも be 動詞と同じ連辞の意味を持つ **быть** という動詞がある。ただし、現在時制では、普通、省略される。

2. 主語も述語も名詞の場合、主語と述語の間に、"——" を入れるのが一般的である。（例文 4）

3. ロシア語には、冠詞がない。

4. **э́то** は、「人」に対しても、「物」に対しても用いることができる。さらに、近くの「人、物」も、遠くの「人、物」も、指すことができる。

　　　「この人、その人、あの人（人の場合）」

　　　「これ、それ、あれ（物の場合）」

　　ただし、本書では、近くの「人、物」を指すと考え、**э́то** を「この人、これ」と訳出することが多い。

（2） 「〜がある、〜がいる」を表す文

1. Журна́л там.　雑誌はあそこにある。

2. Та́ня здесь.　ターニャはここにいる。

3. Там журна́л.　あそこに雑誌がある。

4. Здесь Та́ня.　ここにターニャがいる。

解説

1. 英語では「〜がある、〜がいる」といった存在の意味を be 動詞で表すが
ロシア語にも、be 動詞と同じ存在の意味を持つ быть という動詞がある。
ただし、現在時制では、普通、省略される。

2. 存在をはっきりと示す場合には、быть の現在形 есть が登場することが
ある。詳しくは、p.41 の(2)を参照。また、быть の現在変化に関しては、
p.119 の(2)の 5 を参照。

3. ロシア語は語順が英語よりも自由である。しかし、語順の違いにより、
意味が微妙に変わることが多い（例文 1 と 3、例文 2 と 4 を参照）。詳しく
は、 71 を参照。

　　Журна́л там.　雑誌はあそこにある。　（= The magazine is there.）

　　Там журна́л.　あそこに雑誌がある。　（= There is a magazine there.）

簡単な疑問文① (疑問詞のある疑問文)

1. – Кто э́то?　こちらはどなたですか。

　 – Э́то Анто́н.　こちらはアントンです

2. – Кто он?　彼の職業は何ですか。

　 – Он студе́нт.　彼は学生です。

3. – Кто э́то?　これは何ですか。

　 – Э́то медве́дь.　これは熊です。

4. – Что э́то?　これは何ですか。

　 – Э́то университе́т.　これは大学です。

5. – Где Анто́н?　アントンはどこにいますか。

　 – Он здесь.　アントンはここにいます。

6. – Где зе́ркало?　鏡はどこにありますか。

　 – Оно́ там.　鏡はあそこにあります。

7. – Где А́ня?　アーニャはどこにいますか。

　 – Вот она́.　ほらあそこにいます。

解説

1．疑問詞で始まる疑問文のイントネーションは、疑問詞を高く（さらに、幾分強く）発音し、その後の部分は徐々に調子を下げて発音する。

2．кто と что は、それぞれ英語の who と what によく似た意味を持っている。なお、что は、例外的に [што] と発音される。

3．例文1と例文2の кто の意味の違いにも注意。例文1は「誰」、例文2は「どんな職業の人」を意味する。

4．「動物」を指す場合は、что ではなく、кто を用いる点に注意が必要である。（例文3）

5．где は英語の where に似た意味を持つが、場所（どこで、どこに）の意味だけで、方向（どこへ）の意味は持たない。方向（どこへ）の意味では、кудá という疑問詞が用いられる。

6．他に次のような疑問詞がある。

чей （誰の）	когдá （いつ）
какóй （どのような）	котóрый （何番目の、いずれの）
как （どのように）	почемý （なぜ）　等

7．он は男性名詞の代わりに、онá は女性名詞の代わりに、онó は中性名詞の代わりに用いる3人称単数の代名詞。詳しくは、 11 を参照のこと。

8．вот は、物や人が後に続くと「ほらここに（ほらそこに、ほらあそこに）〜がある（いる）」、「ほらこれが（ほらそれが、ほらあれが）〜だ」という意味になる助詞である。

参考　間接疑問文①；「疑問詞のある疑問文」を動詞の目的語の位置に置く場合

Я не знáю, что э́то. 私はこれが何か知りません。　＜コンマの位置に注意＞

---

9 簡単な疑問文② （疑問詞のない疑問文）

<да か нет で答える疑問文>

1. – Э́то Та́ня?　こちらはターニャさんですか。

　– Да, э́то Та́ня.　はい、こちらはターニャさんです。

　– Нет, э́то не Та́ня.　いいえ、こちらはターニャさんではありません。

2. – Вы студе́нт?　あなたは学生ですか。

　– Да, я студе́нт.　はい、私は学生です。

　– Нет, я не студе́нт.　いいえ、私は学生ではありません。

3. – Студе́нт ли Вы?　あなたは学生ですか。

　– Да, я студе́нт.　はい、私は学生です。

<選択疑問文>

4. – Э́то теа́тр и́ли кино́?

　　これは劇場ですか、それとも映画館ですか。

　– Э́то кино́.　これは映画館です。

5. – Он инжене́р и́ли учи́тель?

　　彼はエンジニアですか、それとも先生ですか。

　– Он учи́тель.　彼は先生です。

解説

1. 「да か нет で答える疑問文」は、疑問の中心になっている単語のアクセント母音を高い調子で際立たせて発音し、その後は調子を下げて発音する。イントネーションに関しては、 5 を参照のこと。

2. 否定を表す не は、否定したい単語の直前に持ってきて、続けて 1 つの単語のように発音される。この際、не はアクセントを持たない。

　　　не Та́ня [ニ (エ) ・ターニャ]

3. 人称代名詞 вы の用法に関しては、 11 を参照のこと。

4. 例文 3 のように、助詞 ли を用いて、「да か нет で答える疑問文」を作ることができる。

> 疑問の中心になる語を文頭にし、その直後に ли を置く。そして、その他の文の構成要素は、その後に続ける。

　　なお、ли を用いた疑問文は「もしかしたら、そうではないのでは？」というニュアンスが付加されることにも注意しよう。

5. 「選択疑問文」のアクセントは、疑問の中心になっている 2 つの単語の内、и́ли の前に来る単語のアクセント母音を高い調子で際立たせて発音し、その後は調子を下げて発音する。

6. 疑問詞のない否定疑問文の場合、肯定の答えの時も否定の答えの時も нет を使う。

　　　– Э́то не Та́ня?　　こちらはターニャさんではないですか。

　　　– Нет, э́то Та́ня.　　いいえ（はい）、こちらはターニャさんです。

　　　– Нет, э́то не Та́ня.　　いいえ、こちらはターニャさんではありません。

参考	間接疑問文②；「疑問詞のない疑問文」を動詞の目的語の位置に置く場合
Я не зна́ю, студе́нт ли Вы. 私はあなたが学生かどうか知りません。   ＜コンマの位置に注意＞

10　名詞の性、数

（1）　名詞の性

性	語末の文字	例
男性	子音	Антóн アントン（男の名）、Макси́м マクシム（男の名）、журнáл 雑誌、магази́н 店、студéнт 男子学生
	й	Никола́й ニコライ（男の名）、чай 茶
	ь	Игорь イーゴリ（男の名）、учи́тель 先生、медвéдь 熊、словáрь 辞書
中性	о	письмó 手紙、лекáрство 薬、окнó 窓、дéло 事柄、仕事、кинó 映画館
	е	здáние 建物、мóре 海、пóле 野原
	мя	и́мя 名前、врéмя 時
女性	а	Áнна アンナ（女の名）、Мари́на マリーナ（女の名）、кни́га 本、газéта 新聞、водá 水、шкóла 学校
	я	Мари́я マリーヤ（女の名）、тётя 叔母、недéля 週、пéсня 歌
	ь	Любóвь リュボーフィ（女の名）、любóвь 愛、мать 母、плóщадь 広場、нóвость ニュース

解説

1．ロシア語の名詞は、男性、中性、女性の何れかの性に属する。上の表のように、名詞の性（文法性）は語末の文字によって判別できる。

2．しかし、Ми́ша（Михаи́л の愛称）、Кóля（Никола́й の愛称）等の男性名の愛称形や дя́дя（叔父）、дéдушка（祖父）等の男性を表す名詞は、語末が -а, -я だが、男性名詞として扱う（自然の性を優先する）。

3．-ь で終わる名詞には、男性名詞と女性名詞がある。つまり、語尾では性を判別できない。一つずつ覚えていく必要がある。

4．мя で終わる中性名詞は、10 語しかない。他に、знáмя（旗）、сéмя（種子）、брéмя（重荷）、плáмя（炎）、плéмя（種族）等がある。

参考　総性名詞；語末は-а, -я だが、男性名詞としても女性名詞としても用いられる名詞
　　　＜коллéга（同僚）、сиротá（孤児）等＞　　Игорь – мой коллéга.

（2）名詞の数

性	単数主格	語末の文字	複数主格	備　考
男性	билéт チケット	子音	билéты	語末が г, к, х；ж, ч, ш, щ で終わる男性名詞の複数主格形は、正書法の規則（ 3 の(2)を参照）がはたらく。
男性	мáльчик 少年	子音	мáльчики	
男性	музéй 博物館	й	музéи	
男性	словáрь 辞書	ь	словарú	
中性	письмó 手紙	о	пúсьма	この型は、普通、アクセント移動がある。
中性	мóре 海	е	моря́	
中性	úмя 名前	мя	именá	この型に属するのは、10 語のみ。
女性	газéта 新聞	а	газéты	語末が г, к, х；ж, ч, ш, щ で終わる女性名詞の複数主格形は、正書法の規則（ 3 の(2)を参照）がはたらく。
女性	кнúга 本	а	кнúги	
女性	недéля 週	я	недéли	
女性	плóщадь 広場	ь	плóщади	

解説

1．ロシア語の名詞には、6つの格（主格、生格、与格、対格、造格、前置格）があり、日本語の「て・に・を・は」のような機能を果たす。この課では、単数主格と複数主格のみを取り扱っている。

2．男性名詞、女性名詞の複数主格の語尾の基本形は -ы である。

3．単数主格の語尾が -й, -ь（男性名詞）や -я , -ь（女性名詞）の名詞の複数主格の語尾は、いずれも -и となる。

4．中性名詞の複数語尾が男性名詞、女性名詞とは異なる点に注意しよう。また、単数形と複数形とでアクセントが異なる場合が多い点に注意しよう。

5．変化語尾の前にある子音（つまり語幹末の子音）が「 к, г, х 」あるいは「 ж, ч, ш, щ 」の場合、複数形の変化語尾 -ы は -и となる＜正書法の規則（ 3 の(2)を参照）＞。

11 人称代名詞、指示代名詞 э́то

1. – Ты студе́нт?　君は学生ですか。
   – Да, я студе́нт.　はい、私は学生です。

2. – Вы врач?　あなたは医者ですか。
   – Да, я врач.　はい、私は医者です。

3. – Вы инжене́ры?　あなた方は（君たちは）エンジニアですか。
   – Да, мы инжене́ры.　はい、私たちはエンジニアです。

4. – А́нна до́ма?　アンナは家にいますか。
   – Да, она́ до́ма.　はい、彼女は家にいます。

5. – Ю́ра — учи́тель?
   ユーラは先生ですか。　※ Ю́ра は、Ю́рий（男性の名前）の愛称形
   – Нет, он не учи́тель, а инжене́р.
   いいえ、彼は、先生ではなく、エンジニアです。

6. – Где письмо́?　手紙はどこにありますか。
   – Вот оно́.　ほら、ここに（あそこに）あります。

7. – Где Та́ня и Ю́ра?　ターニャとユーラはどこにいますか。
   – Вот они́.　ほらあそこに（ここに）います。

8. – Что э́то?　これらは何ですか。
   – Э́то магази́ны.　これらは店（複数）です。

9. – Они́ ма́льчики и́ли де́вочки?
   あの子達は男の子ですか、それとも女の子ですか。
   – Они́ ма́льчики.　あの子達は男の子です。

10. – Кто э́то?　この人たちは誰ですか。
    – Э́то Та́ня и Ка́тя.　この人たちはターニャとカーチャです。
    – Кто они́?　彼女たちの職業は何ですか。
    – Они́ учи́тельницы.　彼女たちは教師です。

解説

（1）人称代名詞

	単　　数		複　　数	
1人称	**Я**	私	**МЫ**	私たち
2人称	**ТЫ**	君	**ВЫ**	君たち、あなた達 あなた
3人称	**ОН**	彼、それ	**ОНИ́**	彼ら、それら
	ОНО́	それ		
	ОНА́	彼女、それ		

1．2人称単数の **ТЫ** は、使用が限定縮小され、「遠慮の要らない間柄」の単数の話し相手（家族、友人、目下の人）に対してのみ用いられる。一方、2人称複数の **ВЫ** の使用範囲は広まり、「遠慮の要る間柄」の単数の話し相手に対しても用いられる（文法的には複数扱い）。この場合の **ВЫ** は、大文字で始め、**Вы** と書かれる場合がある。本書でも大文字で始まる **Вы** を用いる。

2．複数の話し相手に対しては、常に、**ВЫ** が用いられる。

3．**ОН** ：単数の男性名詞の代わりに用いられる人称代名詞

　　ОНО́：単数の中性名詞の代わりに用いられる人称代名詞

　　ОНА́：単数の女性名詞の代わりに用いられる人称代名詞

　　ОНИ́：複数の名詞（男性、中性、女性）の代わりに用いられる人称代名詞

（2）指示代名詞 э́то

　指示代名詞 э́то は、単数の意味でも複数の意味でも用いられる（例文8, 10）。また、物だけでなく人も指すことができる。さらに、遠いところの物（あるいは人）でも、近いところの物（あるいは人）でも指せる。

　「これ（ら）は、それ（ら）は、あれ（ら）は」

　「この人（達）は、その人（達）は、あの人（達）は」

所有代名詞、指示代名詞 э́тот, тот、定代名詞 весь

1. – Чей э́то уче́бник?　これは誰の教科書ですか。
   – Э́то мой уче́бник.　それは私の教科書です。

2. – Чья э́то сестра́?　こちらは誰の姉（妹）ですか。
   – Э́то моя́ сестра́.　私の姉（妹）です。

мой брат	私の兄（弟）	Ваш брат	あなたの兄（弟）
мой журна́л	私の雑誌	Ваш журна́л	あなたの雑誌
моё письмо́	私の手紙	Ва́ше письмо́	あなたの手紙
моя́ сестра́	私の姉（妹）	Ва́ша сестра́	あなたの姉（妹）
моя́ кни́га	私の本	Ва́ша кни́га	あなたの本
мои́ роди́тели	私の両親	Ва́ши роди́тели	あなたの両親
мои́ газе́ты	私の新聞（複数）	Ва́ши газе́ты	あなたの新聞（複数）

3. – Э́то Ваш брат?　こちらはあなたの兄（あるいは弟）ですか。
   – Да, э́то мой (брат).　はい、私の兄（あるいは弟）です。

4. – Э́то ва́ша кварти́ра?　これはあなた方（君達）のマンションですか。
   – Да, э́то на́ша (кварти́ра).　はい、私達のマンションです。

5. – Э́то твой па́па※?　こちらは君のお父さんですか。
   – Да, э́то мой (па́па).　はい、私のお父さんです。

※па́па は -а で終わる女性名詞と同じ変化をするが、男性名詞である（ 10 の解説の
2 を参照）。そのため、修飾する所有代名詞や形容詞は男性形となる。

его́ брат	彼の兄（弟）	её брат	彼女の兄（弟）	их брат	彼らの兄（弟）
его́ журна́л	彼の雑誌	её журна́л	彼女の雑誌	их журна́л	彼らの雑誌
его́ письмо́	彼の手紙	её письмо́	彼女の手紙	их письмо́	彼らの手紙
его́ сестра́	彼の姉（妹）	её сестра́	彼女の姉（妹）	их сестра́	彼らの姉（妹）
его́ кни́га	彼の本	её кни́га	彼女の本	их кни́га	彼らの本
его́ роди́тели	彼の両親	её роди́тели	彼女の両親	их роди́тели	彼らの両親
его́ газе́ты	彼の新聞（複数）	её газе́ты	彼女の新聞（複数）	их газе́ты	彼らの新聞（複数）

6. Э́тот журна́л – мой.　この雑誌は私のです。
   Э́ти газе́ты – Ва́ши.　これらの新聞はあなたのです。

解説

（1） 所有代名詞

対応する 人称代名詞	単 数			複 数
	男性	中性	女性	3 性共通
я →	мой 私の	моё	моя́	мои́
ты →	твой 君の	твоё	твоя́	твои́
он →	его́ 彼の	его́	его́	его́
оно́ →	его́ それの	его́	его́	его́
она́ →	её 彼女の	её	её	её
мы →	наш 私達の	на́ше	на́ша	на́ши
вы →	ваш あなた（達）の	ва́ше	ва́ша	ва́ши
они́ →	их 彼らの	их	их	их
	свой 自分の	своё	своя́	свои́
кто →	чей 誰の	чьё	чья	чьи

1．所有代名詞は、後に続く名詞の性と数によって変化する。ただし、複数 は性の区別をしない。

2．мой, твой, свой の語尾は共通である。

3．наш と ваш の語尾は共通である。

4．его́, её, их は変化しない。

5．чей は、мой, твой, свой と似た変化をする。

6．твой は「ты の」、ваш は「вы の」という意味である。「遠慮の要る間 柄」の単数の話し相手に用いられる場合、вы が Вы とかかれるのと同じ ように、ваш も大文字で始めて、Ваш と書かれる場合が多い（例文 3)。

7．所有代名詞は、後に続く名詞を省略することも多い（例文 3, 4, 5, 6)。

（2） 指示代名詞 э́тот, тот、定代名詞 весь

э́тот, тот, весь も、所有代名詞と同様に、後に続く名詞の性と数によって変化する （例文 6)。指示代名詞 э́тот の中性形 э́то と「これは、それは、あれは；これらは、そ れらは、あれらは」の意味の э́то は、同一語形であるが、異なる単語である。

単 数			複 数
男性	中性	女性	3 性共通
э́тот この、その	э́то	э́та	э́ти
тот あの	то	та	те
весь すべての	всё	вся	все

所有代名詞、指示代名詞、定代名詞　**33**

13　動詞の現在形（規則変化）、副詞

1. – Что Вы де́лаете?　あなたは何をしていますか。
   – Я чита́ю.　私は読書しています。

2. – Ты понима́ешь по-япо́нски?　君は日本語がわかりますか。
   – Да, я понима́ю.　はい、わかります。

3. – Сего́дня А́ня и Та́ня рабо́тают?
     今日アーニャとターニャは働いていますか。
   – Нет, они́ не рабо́тают. А́ня отдыха́ет до́ма, а Та́ня
   гуля́ет.　いいえ、彼女たちは働いていません。アーニャは家で休養をと
   っています、一方、ターニャは散歩しています。

4. – Что вы слу́шаете?　あなた方は何を聞いていますか。
   – Мы слу́шаем ра́дио.　私たちはラジオを聞いています。

5. – Вы ку́рите?　あなたはたばこを吸いますか。
   – Нет, я не курю́.　いいえ、吸いません。

6. – Вы говори́те по-ру́сски?　あなた方はロシア語を話せますか。
   – Да, мы говори́м по-ру́сски.　はい、私たちはロシア語を話せます。

7. – Что они́ де́лают?　彼らは何をしていますか。
   – Они́ смо́трят телеви́зор.　彼らはテレビを見ています。

8. – Что де́лает Ми́ша※?　ミーシャは何をしていますか。
   – Он звони́т.　電話をかけています。
   ※ 主語が代名詞の場合、述語動詞の前に置くのが一般的だが、主語が名詞の場合は、
   その限りではない。

9. – Кто игра́ет там?　あそこで遊んでいるのは誰ですか。
   – Там игра́ет Ю́ра.　あそこで遊んでいるのは、ユーラです。

10. – Как он говори́т?　彼はどのようにしゃべりますか。
    – Он говори́т бы́стро.　早口でしゃべります。

解説

（1）動詞の現在形；「習慣、反復、進行動作（〜する、〜している）等」を表す。

1．ロシア語の動詞の現在形には、下記の2種類の規則変化型がある。主語の
人称と数に従って変化する。（詳しくは、 53 , 54 を参照）

不定形（原形）	第1変化	第2変化	
主語＼語幹	дéлать する、作る	говори́ть 話す	кури́ть タバコを吸う
	дéла	говор	кур
я	дéлаю	говорю́	курю́
ты	дéлаешь	говори́шь	кýришь
он, онó, онá	дéлает	говори́т	кýрит
мы	дéлаем	говори́м	кýрим
вы	дéлаете	говори́те	кýрите
они́	дéлают	говоря́т	кýрят

※ 不定形（原形）に関しての詳細は、 56 を参照。

2．第1変化と第2変化の相違点　　　　　※第1変化動詞の方が圧倒的に多い。

	第1変化動詞	第2変化動詞
語幹	不定形の-ТЬ を取り去った部分	不定形の-ТЬ とその直前にある母音（大半は-И-）を取り去った部分
語尾	-ю,-ешь,-ет, -ем,-ете,-ют	-ю,-ишь,-ит -им,-ите,-ят
アクセント	不定形と同じで、移動しない	2 人称単数以下にアクセント移動がある場合が多い
不定形（原形）による変化型の判別方法	大半は-ать(-ять)で終わる まれに-еть で終わる	大半は-ить で終わる まれに-еть で終わる

（2）副詞；例文 10 の бы́стро のように、ロシア語の副詞には語末が-о で終わるものが多い。（詳しくは、p.55 の(4)を参照）

хорошó（上手に、良く）、плóхо（悪く、下手に）、ти́хо（静かに）など

（3）言語能力を表す動詞＋「〜語で」を表す副詞　（例文 2, 6）

言語能力を表す動詞	「〜語で」を表す副詞	例
говори́ть 話す	по-рýсски ロシア語で	говори́ть по-япóнски 日本語で話す→日本語を話せる
понимáть （聞いて）分かる	по-япóнски 日本語で	
писáть 書く	по-англи́йски 英語で	понимáть по-рýсски ロシア語で理解する→ロシア語が
читáть 読む	по-китáйски 中国語で	（聞いて）分かる

動詞の現在形（規則変化）、副詞　　**35**

14　形容詞

но́вый журна́л 新しい雑誌　　　ру́сский журна́л ロシア（語）の雑誌
но́вое сло́во 新しい単語　　　　ру́сское сло́во ロシア（語）の単語
но́вая газе́та 新しい新聞　　　　ру́сская газе́та ロシア（語）の新聞
но́вые журна́лы 新しい雑誌（複数）　ру́сские журна́лы ロシア（語）の雑誌（複数）
но́вые слова́ 新しい単語（複数）　　ру́сские слова́ ロシア（語）の単語（複数）
но́вые газе́ты 新しい新聞（複数）　　ру́сские газе́ты ロシア（語）の新聞（複数）

молодо́й челове́к 若者　　　　плохо́й хара́ктер 悪い性格
молодо́е поколе́ние 若い世代　　плохо́е сло́во 悪い言葉
молода́я же́нщина 若い女性　　　плоха́я пого́да 悪い天気
молоды́е лю́ди 若者達　　　　　плохи́е слова́ 悪い言葉（複数）

си́ний костю́м 青いスーツ　　　хоро́ший фильм 良い映画
си́нее пальто́ 青いコート　　　　хоро́шее де́ло 良いこと
си́няя руба́шка 青いシャツ　　　хоро́шая пого́да 良い天気
си́ние костю́мы 青いスーツ（複数）　хоро́шие де́ти 良い子供達

1. – Како́й э́то дом?　それはどのような家ですか。
   – Э́то но́вый дом.　それは新しい家です。

2. – Кака́я сего́дня пого́да?　今日はどんな天気ですか。
   – Сего́дня хоро́шая пого́да.　今日は良い天気です。

3. – Каки́е фи́льмы Вы лю́бите?
     あなたはどんな映画が好きですか。
   – Я люблю́ ру́сские фи́льмы.
     私はロシアの映画が好きです。

4. Наш дом но́вый.　私たちの家は新しい。
   На́ше метро́ но́вое.　私たちの地下鉄は新しい。
   На́ша маши́на но́вая.　私たちの自動車は新しい。
   На́ши ко́мнаты но́вые.　私たちの部屋（複数）は新しい。

解説

		単　　　数			複　　　数	語幹末に来る子音	アクセントの位置
		男性	中性	女性	3性共通		
硬変化	A型	но́вый 新しい	но́вое	но́вая	но́вые	г, к, х；ж, ч, ш, щ 以外の子音	語幹
	B型	молодо́й 若い	молодо́е	молода́я	молоды́е	г, к, х；ж, ч, ш, щ 以外の子音	語尾
（混合）	C型	ру́сский ロシアの	ру́сское	ру́сская	ру́сские	г, к, х（正書法の規則がはたらく）	語幹
	D型	большо́й 大きな	большо́е	больша́я	больши́е	г, к, х；ж, ч, ш, щ（正書法の規則がはたらく）	語尾
軟変化	E型	си́ний 青い	си́нее	си́няя	си́ние	г, к, х；ж, ч, ш, щ 以外の子音	語幹
（混合）	F型	хоро́ший 良い	хоро́шее	хоро́шая	хоро́шие	ж, ч, ш, щ（正書法の規則がはたらく）	語幹

1．形容詞は、後に続く名詞の性と数によって変化する。ただし、複数は性の区別をしない。（例文1〜3）　（詳しくは、40、41を参照）

2．ロシア語の形容詞は、英語と同様に、述語としても用いられる。述語の場合は、主語の性と数によって変化する。（例文4）

3．まず、A 型の но́вый の変化を覚えよう。この変化型に属する形容詞が最も数が多い。C 型の ру́сский の変化は正書法の規則が働く場合である。

4．B 型の молодо́й は、語尾にアクセントがある点と、男性単数で語尾が -о́й になる点に注意。

5．D 型の большо́й は、C 型の ру́сский と B 型の молодо́й の両方の変化の特徴を備えている（アクセントの位置と正書法の規則に注意）。疑問詞 како́й の変化も D 型の большо́й と同様である。

6．軟変化の形容詞は少数派である。また、хоро́ший のように、語幹末が ж, ч, ш, щ で終わる形容詞は、語幹にアクセントがある場合、いつも軟変化である。一方、語尾にアクセントがある場合は、軟変化にならず、D 型の большо́й 型になる。

15 名詞の前置格、-СЯ 動詞

1. – Где (лежи́т) письмо́? 手紙はどこにありますか。
   – Оно́ (лежи́т) **в** столе́. 机の中にあります。

2. – Где (лежи́т) кни́га? 本はどこにありますか。
   – Она́ (лежи́т) **на** столе́. 机の上にあります。

   ※ лежи́т は лежа́ть「横たわっている、横の状態にある」の3人称単数形。

   *   *   *

3. – Где Вы живёте? あなたはどこに住んでいますか。
   – Я живу́ **в** го́роде Отару. 小樽市に住んでいます。

4. – Где живёт Ваш брат? あなたの兄（弟）はどこに住んでいますか。
   – Он живёт **в** Москве́. モスクワに住んでいます。

5. – Где он рабо́тает? 彼はどこで働いていますか。
   – Он рабо́тает **в** университе́те. 大学で働いています。

6. – Где Вы рабо́таете? あなたはどこで働いていますか。
   – Я рабо́таю **на** по́чте. 郵便局で働いています。

   *   *   *

7. – Где Вы у́чите**сь**? あなたはどこで学んでいますか。
   – Я учу́**сь** в университе́те. 大学で学んでいます。

8. – Где Вы обы́чно занима́ете**сь**? ふつう、どこで勉強しますか。
   – Обы́чно я занима́ю**сь** в библиоте́ке.
   ふつう、図書館で勉強します。

9. – Где нахо́дит**ся** гости́ница «Москва́»?
   ホテル「モスクワ」はどこにありますか。
   – Она́ нахо́дит**ся** в це́нтре. 中心部にあります。

10. – Вы у́чите**сь** и́ли рабо́таете?
    あなたは学んでいますか、それとも働いていますか。（⇒あなたは学生さんですか、
    それとも、お勤めですか。）
    – Я учу́**сь**. 学んでいます。（⇒学生です。）

解説

（1）前置格

1．前置格の用法；前置格は、常に前置詞とともに用いられる。

	意味	備考
В＋前置格	〜の中に（例文1）	英語の in に当たる前置詞
	〜で、〜に（例文3,4,5）	この意味では、圧倒的多数の名詞が **В** をとる
на＋前置格	〜の上に（例文2）	英語の on に当たる前置詞
	〜で、〜に（例文6）	この意味で **на** をとる名詞は僅か（p.111 の(2)を参照）
О＋前置格	〜について	16 の例文を参照のこと

2．名詞の前置格の形

		単数主格	単数前置格	複数主格	複数前置格
男性		институ́т	институ́те	институ́ты	институ́тах
		музе́й	музе́е	музе́и	музе́ях
		писа́тель	писа́теле	писа́тели	писа́телях
中性		письмо́	письме́	пи́сьма	пи́сьмах
		мо́ре	мо́ре	моря́	моря́х
女性		шко́ла	шко́ле	шко́лы	шко́лах
		дере́вня	дере́вне	дере́вни	деревня́х
		тетра́дь	тетра́ди	тетра́ди	тетра́дях

（2）-ся 動詞

1．-ся 動詞；себя́ （「自分自身」の意味）の短縮形 -ся が動詞の末尾に結合した動詞。

> учи́ть （教える）＋ -ся （自分自身）＝учи́ться （自分自身を教える→学ぶ）

2．-ся 動詞の変化；-ся を除いて、動詞変化をさせ、その後ろに -ся を付ける。

不定形（原形）　　　語幹　主語	занима́ться （第1変化） занима́	учи́ться （第2変化） уч	下線部分は、正書法の規則により ю が у, я が а となっている。
я	занима́юсь	учу́сь	
ты	занима́ешься	у́чишься	（正書法の規則）
он, оно́, она́	занима́ется	у́чится	г, к, х と ж, ч, ш, щ の後には、ы, ю, я を書かず、
мы	занима́емся	у́чимся	и, у, а を書く
вы	занима́етесь	у́читесь	
они́	занима́ются	у́чатся	

（注意1）動詞の末尾が母音の場合、-ся を -сь にする。

（注意2）-ться（不定形の語末）-тся（3人称の語末）の発音は、いずれも[цца]となる。

名詞の前置格、CЯ動詞

39

16 所有の構文、人称代名詞の生格・前置格

1. У **меня́** есть кни́га.　私は本を持っています。
   У **тебя́** есть роди́тели.　君には両親がいる。
   У **него́** есть брат.　彼には兄（弟）がいる。
   У **неё** есть газе́ты.　彼女は新聞を持っている。
   У **нас** есть дочь.　私たちには娘がいる。
   У **Вас** есть сын.　あなたには息子がいる。
   У **них** есть сестра́.　彼らには姉（妹）がいる。

2. – У **Вас** есть брат?　あなたには兄弟がいますか。
   – Да, у **меня́** есть брат.　はい、私には兄弟がいます。

3. – Что у **Вас** есть?　あなたは何を持っていますか。
   – У **меня́** есть нови́нка.　私は新刊書を持っています。

4. У **неё** краси́вый го́лос.　彼女の声は美しい。
   ※「美しい声」が存在しているということよりも、声が「美しい」ということに焦点が当てられているため、**есть** が省略されている。

*　　　　　　　　*　　　　　　　　*

5. – Что у **Вас** боли́т?　あなたはどこが痛いのですか？
   – У **меня́** боли́т живо́т.　私はお腹が痛いのです。

*　　　　　　　　*　　　　　　　　*

6. – О **ком** он говори́т?　彼は誰について話していますか。
   – Он говори́т о Мари́не.　彼はマリーナについて話しています。

7. – О **ком** Вы ду́маете?　あなたは誰について考えていますか。
   – Я ду́маю о **ней**.　私は彼女について考えています。

8. – О **чём** Вы говори́те?　あなたは何について話していますか。
   – Я говорю́ об уро́ке.　私は授業について話しています。

9. – В **чём** де́ло?　どうしたのですか（←問題は何の中にあるのか）。
   – Ничего́.　大丈夫（何でもありません）。

（1）所有構文（у меня́ есть～）とその構造 (例文 1,2,3,4)

у	меня́	есть	主格	私の所に～がある （→私は～を持っている）
生格を伴う前置詞 「～の所に」	я の生格 「私」	быть の現在形 「ある」	「～が」	

（2）быть（ロシア語の be 動詞）の現在形 есть について

быть（～である＜連辞＞、～がある＜存在＞）の現在形はふつう省略されるが、存在をはっきり表す場合は、省略されない。その際、主語の人称・性・数にかかわらず、3 人称単数現在形 есть が用いられる。

（3）у меня́ боли́т ～の構文 (例文 5)

у меня́	боли́т	単数主格	私の所で～が痛む （→私は～が痛い）
	боля́т	複数主格	
「私のところで」	боле́ть「痛む」の 3 人称現在形	「～が」	

（4）人称代名詞の主格、生格、前置格 (例文 6,7,8,9)

主格	生格	у＋生格	前置格	о＋前置格
я	меня́	у меня́	мне	обо мне
ты	тебя́	у тебя́	тебе́	о тебе́
он, оно́	его́	у него́	нём	о нём
она́	её	у неё	ней	о ней
мы	нас	у нас	нас	о нас
вы	вас	у вас	вас	о вас
они́	их	у них	них	о них
что	чего́	у чего́	чём	о чём
кто	кого́	у кого́	ком	о ком

（注意1）3 人称の代名詞が前置詞を伴うとき、н を前に付加する。

его́ → у него́,　её → у неё,　их → у них

（注意2）前置詞 о は、мне（я の前置格）や всём（весь と всё の前置格）などとともに用いられるとき、обо という形になる。обо мне, обо всём

（注意3）前置詞 о は、母音字ではじまる単語とともに用いられるとき、ふつう、об という形になる。（例文8）об Анне

| 17 | идти́ と е́хать、名詞の対格① |

1. Та́ня **идёт**, а Са́ша **е́дет**.
   ターニャは歩いて行きます。一方、サーシャは乗り物で行きます。

2. Они́ **е́дут**, а я **иду́**.
   彼らは乗り物で行きます。一方、私は歩いて行きます。

*　　　　　　　　*　　　　　　　　*

3. – **Что** он чита́ет? 彼は何を読んでいますか。
   – Он чита́ет журна́л. 彼は雑誌を読んでいます。

4. – **Что** она́ чита́ет? 彼女は何を読んでいますか。
   – Она́ чита́ет газе́ту. 彼女は新聞を読んでいます。

*　　　　　　　　*　　　　　　　　*

5. – **Куда́** Вы идёте? あなたはどこへ（歩いて）行くところですか。
   – **Я** иду́ **домо́й**. 私は家へ（歩いて）帰るところです。

6. – **Куда́** он идёт? 彼はどこへ（歩いて）行くところですか。
   – Он идёт **в шко́лу**. 彼は学校へ（歩いて）行くところです。

7. – **Куда́** вы е́дете? あなた方はどこへ（乗り物で）行くところですか。
   – Мы е́дем **в** центр. 私たちは都心へ（乗り物で）行くところです。

8. – **Куда́** он е́дет? 彼はどこへ（乗り物で）行くところですか。
   – Он е́дет **на** по́чту. 彼は郵便局へ（乗り物で）行くところです。

*　　　　　　　　*　　　　　　　　*

9. – **На чём** он е́дет домо́й? 彼は何に乗って家へ帰りますか。
   – Он е́дет домо́й **на** авто́бусе. 彼はバスに乗って家へ帰ります。

10. – **На чём** Вы е́дете на стадио́н?
    あなたは何に乗ってスタジアムへ行きますか。
    – Я е́ду туда́ **на** маши́не. 私はそこへは車に乗って行きます。

解説

（1） 運動の動詞；идти́と е́хать （例文 1, 2, 5, 6, 7, 8, 9, 10）

不定形（原形）	идти́ 「歩いて」一定方向へ行く（or 来る）	е́хать 「乗り物で」一定方向へ行く（or 来る）
主語＼語幹	ид	е́д
я	иду́	е́ду
ты	идёшь	е́дешь
он, оно́, она́	идёт	е́дет
мы	идём	е́дем
вы	идёте	е́дете
они́	иду́т	е́дут

※ идти́ は、Идёт дождь.「雨が降っている。」、Идёт уро́к.「授業が行われている。」のような意味でも用いられる。

（2） 名詞の対格の形 （例文 3, 4, 6, 7, 8, 10）

> 対格＝主格　（事物を表す名詞のみ）

ただし、単数主格が-а, -я で終わる女性名詞は、単数対格の変化語尾がそれぞれ-у, -ю となる。（例文 4, 6, 8）

（3） 対格の用法

1．直接目的語「～を」（例文 3, 4）

2．в＋対格、на＋対格 （例文 6, 7, 8, 10）

	意味	備考
в＋対格	～の中へ	
	～へ（例文 6,7）	この意味では、圧倒的多数の名詞が в をとる
на＋対格	～の上へ	
	～へ（例文 8,10）	この意味で на をとる名詞は僅かである（p.111 の(2)を参照）

（4） на＋交通機関（前置格）「～に乗って」（例文 9, 10）

（5） 場所を表す表現と方向を表す表現 （例文 5, 6, 7, 8, 9, 10）

где? どこで	в（あるいは на）＋前置格 「～で」	до́ма 家で	здесь ここで	там あそこで
куда́? どこへ	в（あるいは на）＋対格 「～へ」	домо́й 家へ	сюда́ ここへ	туда́ あそこへ

18 　動詞の過去形、時の表現

1. Ра́ньше я жил (/жила́) в Москве́.　以前私はモスクワに住んでいた。
   Тепе́рь я живу́ в Санкт-Петербу́рге.
   今私はサンクトペテルブルグに住んでいます。

2. – Ко́ля, что ты де́лал вчера́ днём?
   コーリャ、君は昨日の午後何をしていたのですか。

   – Я игра́л в те́ннис.　僕はテニスをしていました。

3. – Ната́ша, что ты де́лала сего́дня у́тром?
   ナターシャ、今朝、何をしていたのですか。

   – Я занима́лась в библиоте́ке.　私は図書館で勉強していました。

4. – Ю́рий Алекса́ндрович, что Вы де́лали вчера́?
   ユーリー・アレクサーンドロヴィッチさん、あなたは昨日何をしていましたか。

   – Я отдыха́л.　私は休養していました。

　　　　　*　　　　　　　　　*　　　　　　　　*

5. Сего́дня он в Япо́нии.　今日、彼は日本にいる。
   Вчера́ он был в Росси́и.　昨日、彼はロシアにいた。

6. – Вчера́ у вас **бы́ли** заня́тия?　昨日あなた方には授業がありましたか。
   – Да, у нас **бы́ли** заня́тия.　はい、私たちには授業がありました。

　　　　　*　　　　　　　　　*　　　　　　　　*

7. – <u>Ско́лько сейча́с вре́мени</u>?　今何時ですか。
   – Сейча́с <u>два часа́</u>.　今2時です。

8. – <u>Когда́ (/Во ско́лько)</u> Вы обы́чно встаёте※?
   あなたは普通何時に起きますか。

   – Обы́чно я встаю́※ <u>в семь часо́в</u>.　普通、私は7時に起きます。

   ※ встава́ть「起きる」の変化形 (p.117 の 5 を参照)

9. – <u>Как до́лго (/Ско́лько вре́мени)</u> Вы занима́лись до́ма
   вчера́?　昨日、あなたは家でどのくらいの時間勉強しましたか。

   – Я занима́лся (/занима́лась) до́ма <u>четы́ре часа́</u>.
   私は、家で4時間勉強しました。

解説

（1）　動詞の過去形

1．ロシア語の動詞の過去形は、意味的に、英語の過去形（「～した」）と過去
進行形（「～していた」）にほぼ対応する。

2．過去形の変化；主語の性・数によって変化する

不定形（原形）		дéлать	говори́ть	быть	жить	занима́ться
主語	語幹	дéла	говори́	бы	жи	занима́
単数	男性	дéлал	говори́л	был	жил	занима́лся
	中性	дéлало	говори́ло	бы́ло	жи́ло	занима́лось
	女性	дéлала	говори́ла	была́※	жила́※	занима́лась
複数	3性共通	дéлали	говори́ли	бы́ли	жи́ли	занима́лись

※女性形は、アクセントが語尾に移動する場合が多い。

3．**быть** の過去形の意味

①　～にいた

Что Вы дéлали вчера́?　昨日、何をしていましたか。

Вчера́ я был (/была́) дóма и чита́л (/чита́ла).
昨日は、家にいて、読書していました。

②　～に行って来た

Где Вы бы́ли вчера́?　昨日、あなたはどこに行ってきたのですか。

Вчера́ я был (/была́) в Москвé.　昨日、私はモスクワへ行って来ました。

※ 英語の be 動詞と同じく、連辞の意味（「～だった」）の意味もあるが、それについて
は、p.61 の(3)の 3 を参照。

（2）　時間表現；　～時（に）、～時間　　（例文 7～9）

	～時	～時に	～時間
1	(оди́н) час	в (оди́н) час	(оди́н) час
2	два часа́	в два часа́	два часа́
3	три часа́	в три часа́	три часа́
4	четы́ре часа́	в четы́ре часа́	четы́ре часа́
5~20	пять часóв	в пять часóв	пять часóв
	дéсять часóв	в дéсять часóв	дéсять часóв
	два́дцать часóв	в два́дцать часóв	два́дцать часóв

※「個数詞＋名詞」の結合に関しては、 27 を参照

　動詞の未来形、命令形

1. Сего́дня понеде́льник. 今日は月曜日だ。
   Вчера́ бы́ло воскресе́нье. 昨日は日曜日だった。
   За́втра **бу́дет** вто́рник. 明日は火曜日だ。

2. Сего́дня у меня́ есть свобо́дное вре́мя.
   今日、私には暇な時間がある。
   Вчера́ у меня́ бы́ло свобо́дное вре́мя.
   昨日、私は暇な時間があった。
   За́втра у меня́ **бу́дет** свобо́дное вре́мя.
   明日、私には暇な時間があるだろう。

3. – Где Вы **бу́дете** за́втра? 明日、あなたはどこへ行きますか。
   – За́втра я **бу́ду** в ци́рке. 明日、私はサーカスへ行きます。

   *　　　　　　　　*　　　　　　　　*

4. Сего́дня ве́чером я **бу́ду чита́ть**. 今日の晩、私は読書するだろう。

5. За́втра они́ **бу́дут игра́ть** в хокке́й.
   明日、彼らはホッケーをするだろう。

   *　　　　　　　　*　　　　　　　　*

6. **Чита́йте** гро́мко, пожа́луйста. 大きな声で読んでください。

7. **Говори́те** ме́дленно, пожа́луйста. ゆっくりと喋ってください。

8. **Отве́тьте** на вопро́сы, пожа́луйста. 質問に答えてください。

9. **Скажи́те**, пожа́луйста. ちょっとすみませんが。(←言ってください)
   Прости́те, пожа́луйста. ちょっとすみませんが。申し訳ありません。
   Извини́те, пожа́луйста. 申し訳ありません。すみません。
   Познако́мьтесь, пожа́луйста.
   ご紹介します。(←お知り合いになってください)
   Да́йте, пожа́луйста. ください。
   Покажи́те, пожа́луйста. 見せてください。
   Бу́дьте добры́. すみませんが。恐れ入りますが。(←善良であってください)
   Бу́дьте здоро́вы. お大事に。お達者で。
   Подожди́те мину́тку/мину́точку. ちょっと待ってください。

解説

（1）動詞の未来形

1. **быть**「<連辞>〜である、<存在>〜にいる／ある」の未来形

不定形（原形）主語＼語幹	быть
	буд
я	бу́ду
ты	бу́дешь
он, оно́, она́	бу́дет
мы	бу́дем
вы	бу́дете
они́	бу́дут

> **быть** の未来形の意味
>
> ① 〜にいる／ある（だろう）（例文 1, 2）
> Сего́дня я бу́ду до́ма.
> ② 〜に行ってくるだろう（例文 3）
>
> ※ **быть** には、英語の be 動詞と同じく、連辞の意味「〜である」もあるが、それについては、p.61 の(3)の 3 を参照。

2. 一般動詞の未来形（**быть** の未来形＋不完了体動詞不定形）　　（例文 4, 5）
※ 英語の未来形「〜するだろう」と未来進行形「〜しているだろう」の意味にほぼ対応する。

不定形（原形）主語＼	чита́ть	говори́ть
я	бу́ду чита́ть	бу́ду говори́ть
ты	бу́дешь чита́ть	бу́дешь говори́ть
он, оно́, она́	бу́дет чита́ть	бу́дет говори́ть
мы	бу́дем чита́ть	бу́дем говори́ть
вы	бу́дете чита́ть	бу́дете говори́ть
они́	бу́дут чита́ть	бу́дут говори́ть

※ 完了体動詞の未来形は異なる方法で作られる。詳しくは、[22] と [58] を参照。

（2）動詞の命令形（詳しくは、[67] を参照）

　-те を付けると **вы** に対する命令になる。一方、**ты** に対する命令の場合は、-те を付けない。また、**пожа́луйста** を付けると、「どうぞ」という意味が加わり、丁寧さが増す。（例文 6〜9）

不定形（原形）	2人称単数現在（太字が現在語幹）	現在語幹末	アクセント（1人称単数と同じ）	現在語幹＋語尾	命令形
чита́ть	**чита́**ешь	母音	語幹	現在語幹＋**й**(те)	чита́й(те)
говори́ть	**говори́**шь	子音	語尾	現在語幹＋**и́**(те)	говори́(те)
отве́тить	**отве́т**ишь	子音	語幹	現在語幹＋**ь**(те)	отве́ть(те)
быть	**бу́д**ешь	子音	語幹	現在語幹＋**ь**(те)	бу́дь(те)

20 名詞の生格

1. Э́то бра́т А́нн**ы**.　こちらはアンナの兄弟です。
   Э́то велосипе́д Ива́н**а**.　これはイヴァンの自転車です。

2. Я е́ду в це́нтр го́род**а**.　私は都心に行くところです。
   Где остано́вка автобус**а**?　バスの停留所はどこにありますか。

   ＊　　　　　　　　　＊　　　　　　　　　＊

3. – У Вас есть сестра́?　あなたには姉（妹）がいますか。
   – Нет, у меня́ нет※ сестр**ы́**.　いいえ、私には姉（妹）はいません。

   ※「〜がない」を表す際に、**не есть** とは言わず、**нет** という述語を用いる。「いいえ」の意味の
   нет とは異なる語である。

4. Нет вы́ход**а**.　出口がない。

5. – Вы хоти́те пить чай?　（あなたは）お茶を飲みたいですか。
   – Нет, я не хочу́ ча́**я**.　いいえ、（私は）お茶は欲しくありません。

   ＊　　　　　　　　　＊　　　　　　　　　＊

6. В университе́те у́чится※ мно́го студе́нт**ов**.
   その大学ではたくさんの学生が学んでいる。

   ※主語に主格の主語がないので、無人称文として扱われている。しかし、主語は複数の人のことを言っ
   ているので、次のようになることもある。В университе́те у́чатся мно́го студе́нтов.

7. На столе́ лежа́ло※ не́сколько газе́т.
   机の上には幾つか新聞が置かれていた。

   ※主語に主格の主語がないので、無人称文として扱われている。しかし、主語は複数の物のことを言っ
   ているので、次のようになることもある。На столе́ лежа́ли не́сколько газе́т.

8. Он зна́ет немно́го слов.　彼は少し単語を知っている。

9. У меня́ ма́ло вре́мени.　私には時間がほとんどない。

   ＊　　　　　　　　　＊　　　　　　　　　＊

10. – Отку́да Вы (прие́хали)?　あなたはどこから来たのですか?
    – Я (прие́хал/прие́хала) **из** А́нглии**и**.　私はイギリスから来ました。

11. Я рабо́тал (/рабо́тала) в Москве́ **до** войн**ы́**.
    戦前、私はモスクワで働いていた。

12. Тогда́ мы жи́ли **у** роди́тел**ей**.　当時私たちは親元で暮らしていた。

解説

（1） 名詞の生格

	単数主格	単数生格	複数主格	複数生格
男性	студе́нт	студе́нта	студе́нты	студе́нтов
	музе́й	музе́я	музе́и	музе́ев
	слова́рь	словаря́	словари́	словаре́й
	врач	врача́	врачи́	враче́й
中性	сло́во	сло́ва	слова́	слов
	мо́ре	мо́ря	моря́	море́й
	вре́мя 時	вре́мени	времена́ 時代	времён
女性	газе́та	газе́ты	газе́ты	газе́т
	неде́ля	неде́ли	неде́ли	неде́ль
	тетра́дь	тетра́ди	тетра́ди	тетра́дей

（2） 生格の用法

① 所属、所有、関係「～の」（例文 1, 2）；英語の「of＋名詞」に対応する表現

② 否定生格

・ 存在の否定（例文 3, 4）；存在を否定する文、すなわち、「～がない」の意味の文では、「～が」にあたる単語は、主格ではなく生格で表される。

・ 直接目的語の否定（例文 5）；「～を...する」の意味の文で、「～を」が対格で表される場合、その文が否定されると、対格が生格に変わることがある。

③ 数量生格（例文 6, 7, 8, 9）

数量を表す単語	後に続く名詞の数・格	例
ско́лько （どれくらい多くの）	複数生格 **（数えられる名詞）** 単数生格 **（数えられない名詞）**	ско́лько дней （複数生格） ско́лько вре́мени （単数生格） мно́го книг （複数生格） мно́го воды́ （単数生格） ма́ло де́нег （複数生格） ма́ло вре́мени （単数生格）
мно́го （多くの）		
не́сколько （いくらかの）		
немно́го （少しの）		
ма́ло （ほとんど～でない）		

（3） 生格を要求する前置詞 （例文 10～12）

ИЗ （～から）	У （～の所で）	ДО （～の前に）
из Росси́и ロシアから	у ма́мы お母さんの所で	до войны́ 戦前に

名詞の生格　　**49**

21 名詞の対格②、人称代名詞の対格、関係代名詞

1. Я читáю журнáл.　私は雑誌を読んでいます。
   Я читáю письмó.　私は手紙を読んでいます。
   Я читáю кни́гу.　私は本を読んでいます。

2. Я знáю Ви́ктора.　私はヴィクトルを知っている。
   Я знáю Мари́ну.　私はマリーナを知っている。

3. – Что Вы пи́шете?　あなたは何を書いているのですか。
   – Я пишу́ письмó.　私は手紙を書いています。

4. – **Когó** Вы ждёте?　あなたは誰を待っているのですか。
   – Я жду Антóна.　私はアントンを待っています。

5. – Что он читáет?　彼は何を読んでいますか。
   – Он читáет газéту.　彼は新聞を読んでいます。

   ＊　　　　　　　　　＊　　　　　　　　　＊

6. – **Когó** Ми́ша лю́бит?　ミーシャは誰が好きなのですか。
   – Он лю́бит Натáшу.　彼はナターシャが好きです。
   – Бори́с тóже её лю́бит.　ボリースも彼女が好きです。

7. – Как Вы **себя́** чу́вствуете?　＜себя́「自分自身」＞
   ご気分いかがですか。（← あなたは自分自身をどのように感じていますか。）
   – Я чу́вствую **себя́** хорошó.
   良い調子です。（← 私は自分自身を良く感じています。）

   ＊　　　　　　　　　＊　　　　　　　　　＊

8. Я ви́жу мáльчика, котó**рый** идёт в парк.
   公園へ歩いていく男の子が見える。
   Я ви́жу дéвочку, котó**рая** идёт в парк.
   公園へ歩いていく女の子が見える。
   Я ви́жу письмó, котó**рое** лежи́т на столé.
   机の上にある手紙が見える。
   Я ви́жу кни́ги, котó**рые** лежáт на столé.
   机の上にある本が見える。

解説

（1）活動体と不活動体 (例文1〜6)

ロシア語の名詞には、活動体（人、動物を表す名詞）と不活動体（物、事柄を表す名詞）の区別がある。この区別は、名詞の格変化に関係してくる。詳しくは、 35 を参照。

> 不活動体名詞： 対格＝主格
> 活動体名詞： 対格＝生格

> ※例外；女性名詞単数は、活動体・不活動体に
> 関わりなく、次のように変化する。
> -a (-я) で終わる名詞： 対格は -y(-ю)
> -ь で終わる名詞： 対格＝主格

（2）名詞の対格 (例文1〜6)

	活動体・不活動体	単数主格	単数対格	複数主格	複数対格
男性	活動体	студе́нт	студе́нт**а**	студе́нт**ы**	студе́нт**ов**
	不活動体	журна́л	журна́л	журна́л*ы*	журна́л*ы*
中性	不活動体	сло́в**о**	сло́в**о**	слов**а́**	слов**а́**
女性	活動体	же́нщин**а**	же́нщин**у**	же́нщин*ы*	же́нщин
	不活動体	газе́т**а**	газе́т**у**	газе́т**ы**	газе́т**ы**
	活動体	ло́шадь 馬	ло́шадь	ло́шад*и*	лошад**е́й**
	不活動体	тетра́дь ノート	тетра́дь	тетра́д*и*	тетра́д*и*

（3）人称代名詞の対格 (例文6, 7)

主格	я	ты	он	оно́	она́	мы	вы	они́	—
対格	меня́	тебя́	его́	его́	её	нас	вас	их	себя́

（4）-овать 動詞の現在変化 (例文7)

不定形（原形）	чу́вств**ова**ть	фотографи́р**ова**ть	сове́т**ова**ть
主語 ＼ 語幹	чу́вств**у**	фотографи́р**у**	сове́т**у**
я	чу́вств**ую**	фотографи́р**ую**	сове́т**ую**
ты	чу́вств**уешь**	фотографи́р**уешь**	сове́т**уешь**
он, оно́, она́	чу́вств**ует**	фотографи́р**ует**	сове́т**ует**
мы	чу́вств**уем**	фотографи́р**уем**	сове́т**уем**
вы	чу́вств**уете**	фотографи́р**уете**	сове́т**уете**
они́	чу́вств**уют**	фотографи́р**уют**	сове́т**уют**

（5）関係代名詞 кото́рый (例文8) ； 詳しくは、 47 を参照。

関係代名詞 кото́рый は、性・数・格の変化をする（硬変化の形容詞 но́вый など と同じ変化）。性と数は、先行詞のそれと一致する。格は、従属節（関係詞節）の中で関係代名詞が果たす役割によって決まる。ただし、例文8の関係代名詞はすべて主格である。

22　動詞の体 (アスペクト)

1. Я до́лго **писа́л (/писа́ла)** письмо́.
   私は長い時間手紙を書いていました。<不完了体過去>

2. Я уже́ **написа́л (/написа́ла)** письмо́.
   私はもう手紙を書き上げました。　<完了体過去>

3. Он ча́сто **покупа́л** газе́ты здесь.
   彼は度々ここで新聞を買っていました。<不完了体過去>

4. Сего́дня у́тром он **купи́л** газе́ты здесь.
   今日の朝、ここで新聞を買いました。<完了体過去>

　　　　　*　　　　　　　　*　　　　　　　　*

5. Вчера́ я до́лго **реша́л (/реша́ла)** зада́чу.
   昨日、私は問題を長い時間解いていました。<不完了体過去>

6. Сейча́с я **реша́ю** зада́чу.
   今、私は問題を解いています。<不完了体現在>

7. За́втра я бу́ду **реша́ть** зада́чу.
   明日、私は問題を解いてみるつもりです。〔「解ける」とは言っていない〕<不完了体未来>

　　　　　*　　　　　　　　*　　　　　　　　*

8. Я уже́ **реши́л (/реши́ла)** зада́чу.
   私はもう問題を解いた。〔すでに答えが出ている〕<完了体過去>

9. Сего́дня я **решу́** зада́чу.
   今日、私は問題を解いてしまいます。〔「解いてしまう」という決意〕<完了体未来>

　　　　　*　　　　　　　　*　　　　　　　　*

10. Они́ **постро́или** дом.　彼らは家を建てた。(人称文)

    Постро́или дом.　家が建てられた。(不定人称文)

11. – Как Вас **зову́т**?　　お名前は何と言いますか。(不定人称文)

    – Меня́ **зову́т** Анто́н.　　私の名前はアントンと言います。

    ※ **зову́т** は、**звать**「呼ぶ、名づける」の 3 人称複数現在

（1）動詞の体（アスペクト）

1．体（アスペクト）とは？

- 話し手（発話者）が動作や状態をどのように見ているかを示す動詞のカテゴリー。
- ロシア語の動詞はすべて、「不完了体」と「完了体」という2つのタイプの体（アスペクト）のいずれかに属している。

2．ロシア語の完了体、不完了体動詞の基本的な意味（詳しくは、58 を参照）

不完了体動詞	1．動作の継続、動作の過程、状態（例文 1, 5, 6, 7）
	2．反復動作（例文 3）
完了体動詞	1．動作の完了、結果（例文 2, 8, 9）
	2．特定的動作、1回動作（例文 4）

3．体と時制（詳しくは、58 を参照）

	不完了体	完了体
過去	**Я чита́л (/чита́ла) кни́гу.** 私はその本を読んでいた。	**Я прочита́л (/прочита́ла) кни́гу.** 私はその本を読み終えた。
現在	**Я чита́ю кни́гу.** 私はその本を読んでいる。	**Я прочита́ю кни́гу.** 私はその本を読み終えるだろう。
未来	**Я бу́ду чита́ть кни́гу.** 私はその本を読んでいるだろう。	＜変化は現在と同様だが、意味は「未来」＞

4．体のペア（詳しくは、59 を参照）

		不完了体	完了体	備考
語の頭部が異なる	接頭辞付加	чита́ть	прочита́ть	接頭辞 по が付加されることが最も多い
		смотре́ть	посмотре́ть	
		писа́ть	написа́ть	
語の尾部が異なる	母音が異なる	реша́ть	реши́ть	使用頻度の高い動詞に多い
		изуча́ть	изучи́ть	
	接尾辞付加	забыва́ть	забы́ть	使用頻度の高い動詞に多い
		встава́ть	встать	
		расска́зывать	рассказа́ть	不完了体派生の際、最もよく用いられる接尾辞付加
語根が異なる		говори́ть	сказа́ть	使用頻度の高い動詞に多い
		брать	взять	

（2）不定人称文（例文 10, 11）

　行為そのものに注意が向けられ、行為の主体は問題にされない文。主語を示さず、述語のみを3人称複数形で用いる（они が省略されたような文）。受動態文の代用として、非常によく用いられる文である。＜詳しくは、70 の(1)を参照＞

23 形容詞の短語尾形、短語尾中性形、無人称述語①

1. **Он здоро́вый.** 彼は（元来）健康（な人）です。＜長語尾形；恒常的性質＞
   Сего́дня он здоро́в. 今日彼は健康です（元気です）。＜短語尾形；一時的性質＞

   Она́ здоро́вая. 彼女は（元来）健康（な人）です。＜長語尾形；恒常的性質＞
   Сего́дня она́ здоро́ва. 今日彼女は健康です（元気です）。＜短語尾形；一時的性質＞

   Они́ здоро́вые. 彼らは（元来）健康（な人）です。＜長語尾形；恒常的性質＞
   Сего́дня они́ здоро́вы. 今日彼らは健康です（元気です）。＜短語尾形；一時的性質＞

2. **Он бо́лен.** 彼は体の具合が悪い。＜一時的性質＞（長語尾形は **больно́й**）
   Она́ больна́. 彼女は体の具合が悪い。＜一時的性質＞
   Они́ больны́. 彼らは体の具合が悪い。＜一時的性質＞

3. **Вы за́няты**※? あなたは忙しいですか。＜一時的性質＞（長語尾形は **за́нятый**）
   Да, я за́нят (занята́). はい、私は忙しいです。＜一時的性質＞
   ※単数の意味の **Вы** が主語の時、動詞や形容詞短語尾が述語になる場合、複数形が用いられる（**Вы краси́вы.**「あなたは美しい」）。一方、名詞や形容詞長語尾が述語になる場合は、単数形が用いられる（**Вы краси́вая.**「あなたは美しい」）。

4. **Ско́ро он до́лжен уе́хать в Япо́нию.**
   まもなく彼は日本へ帰らねばなりません。
   Ско́ро она́ должна́ уе́хать в Япо́нию.
   まもなく彼女は日本へ帰らねばなりません。
   Ско́ро они́ должны́ уе́хать в Япо́нию.
   まもなく彼らは日本へ帰らねばなりません。

5. **Он хоро́ший шко́льник.** 彼は良い生徒です。
   Он хорошо́ у́чится в шко́ле. ＜**хорошо́**は副詞＞
   学校で彼はよく学んでいる。（→彼は学校の成績が良い）

6. **Сего́дня жа́рко.** 今日は暑い。（長語尾形は **жа́ркий**）
   Вчера́ бы́ло хо́лодно. 昨日は寒かった。（長語尾形は **холо́дный**）
   За́втра бу́дет тепло́. 明日は暖かくなるだろう。（長語尾形は **тёплый**）

7. **Интере́сно чита́ть кни́ги.** 本を読むことは面白い。（長語尾形は **интере́сый**）

8. **Легко́ понима́ть э́тот текст.** （長語尾形は **лёгкий**、г は[x]と発音される）
   このテキストを理解するのは簡単である。

9. **Сего́дня ну́жно сиде́ть до́ма.** （長語尾形は **ну́жный**）
   今日、家でじっとしていなければならない。

解説

（1）形容詞の述語的用法（長語尾形と短語尾形）＜例文1~3＞

　形容詞には、長語尾形と短語尾形がある（これまで学んできた形容詞は全て長語尾形）。長語尾形には、限定的用法（нóвая маши́на「新しい車」のように、名詞を修飾する用法）と述語的用法がある。一方、短語尾には述語的用法しかない。

　例文1のように、長語尾の述語的用法は「恒常的性質」、短語尾の述語的用法は「一時的性質」を表すのが一般的である。短語尾形をもっぱら使う形容詞の数は限られているのだが、使用頻度の高いものが多い。詳しくは、42 を参照。

（2）短語尾形の変化

述語として頻繁に用いられるもの

長語尾男性形			здорóвый	больнóй	зáнятый	(дóлжный)	пóлный
短語尾形	単数	男	здорóв	бóлен	зáнят	дóлжен	пóлон
		中	здорóво	больнó	зáнято	должнó	полнó
		女	здорóва	больнá	занятá	должнá	полнá
	複数	3性共通	здорóвы	больны́	зáняты	должны́	полны́

もっぱら無人称文で用いられ、述語としてはあまり用いられないもの

長語尾男性形			хорóший	жáркий	ну́жный	интерéсный
短語尾形	単数	男	хорóш	жáрок	ну́жен	интерéсен
		中	хорошó	жáрко	ну́жно	интерéсно
		女	хорошá	жаркá	нужнá	интерéсна
	複数	3性共通	хороши́	жáрки	нужны́	интерéсны

※ 短語尾男性形で語末に子音が重なる場合、子音間に е（ときに о）が加えられる

（3）дóлжен＋不定形（原形）「～しなければならない、～するはずだ」＜例文4＞

（4）形容詞短語尾中性形＝副詞　＜例文5＞

　形容詞短語尾中性形は、副詞としても用いられる。
　　　плóхо（← плохóй）、бы́стро（← бы́стрый）

（5）無人称述語（＝無人称文を作る述語）；詳しくは、70 の(2)を参照。

・無人称述語の多くは、形容詞短語尾中性形の形を用いる。
・意味は、英語の「意味のない it」を用いる文に対応する。
・過去、未来を表すときは、無人称述語の後に、бы́ло, бу́дет を置く。つまり、主語が онó の時と同じ быть の変化形が用いられる。

1.〔It is hot today.〕に対応する文　＜例文6＞
2.〔It is interesting to read books.〕に対応する文　＜例文7＞　※＜例文8＞も同型の文
3.〔It is necessary to stay home. (= We must stay home.)〕に対応する文　＜例文9＞

1. Я **хочу́** есть. 私は食べたい (→おなかが空いた)。
   Я **хочу́** пить. 私は飲みたい (→のどが渇いた)。

2. Они́ не **хотя́т** игра́ть в те́ннис. 彼らはテニスをやりたがらない。

      *   *   *

3. В после́днее вре́мя я не **могу́** спать хорошо́.
   私は、最近、よく眠れません。

4. Он не **мо́жет** рабо́тать сего́дня. 彼は、今日働くことができない。

5. Вчера́ ве́чером он **мог** занима́ться хорошо́.
   昨日の晩、彼は十分に勉強できた。

      *   *   *

6. – **Мо́жно** кури́ть? タバコを吸ってもいいですか。

   – Да, **мо́жно** (кури́ть). はい、(吸って) いいですよ。

   – Нет, **нельзя́** (кури́ть). いいえ、(吸っては) いけません。

7. – Где **мо́жно** купи́ть биле́ты? どこで切符を買えますか。

   – В ка́ссе (**мо́жно** купи́ть биле́ты). 切符売り場で (買えます)。

8. В ко́мнату **нельзя́** бы́ло войти́.
   部屋へは入ることができなかった。

9. **Ну́жно** идти́ домо́й.
   家に帰らなければなりません。

10. **На́до** бу́дет мно́го **рабо́тать.**
    たくさん働かなければならないだろう。

11. Нало́ги **мо́жно** не плати́ть?
    税金は支払わなくてよいのか。

    ※ нало́ги は複数主格ではなく複数対格

семе́йная ку́хня
(家庭料理)

解説

（1） хоте́ть と мочь の変化

	不定形（原形）	**хоте́ть** 〜したい、〜を欲する	**мочь** 〜できる＜可能、可能性＞
現在	я	хочу́	могу́
	ты	хо́чешь	мо́жешь
	он, оно́, она́	хо́чет	мо́жет
	мы	хоти́м	мо́жем
	вы	хоти́те	мо́жете
	они́	хотя́т	мо́гут

過去	単数	男	хоте́л	мог
		中	хоте́ло	могло́
		女	хоте́ла	могла́
	複数	3性共通	хоте́ли	могли́

※ хоте́ть は名詞を目的語にすることもできる。

Я хочу́ моро́женое. 私はアイスクリームが欲しい。

※ 修得能力・修得技能の意味の「〜できる」に関しては、主に、уме́ть を用いる。

Он уме́ет игра́ть на гита́ре. 彼はギターを弾くことができる。

（2） 無人称述語（мо́жно, ну́жно など）の用法 （ 25 , 43 , 70 を参照）

	意味	備考
мо́жно ＋ 不定形 (原形)	〜できる＜可能＞	普通、完了体動詞が後に続く
	〜してよい＜許可＞	普通、不完了体動詞が後に続く
нельзя́ ＋ 不定形 (原形)	〜できない＜不可能＞	普通、完了体動詞が後に続く
	〜してはいけない＜禁止＞	普通、不完了体動詞が後に続く
ну́жно ＋ 不定形 (原形)	〜しなければならない	ほぼ同じ意味で用いられる
на́до ＋ 不定形 (原形)	〜しなければならない	
мо́жно не ＋ 不定形 (原形)	〜しなくてよい	普通、不完了体動詞が後に続く

※ 過去、未来を表すときは、無人称述語の後ろに、**бы́ло, бу́дет** をおく。（例文 8, 10）

25　名詞、人称代名詞の与格

1. – **Кому́** она́ подари́ла га́лстук?　彼女は誰にネクタイを贈ったのですか。
   – Она́ подари́ла его́ дру́гу.　彼女はそれをボーイフレンドに贈りました。

2. – **Кому́** Вы пи́шете письмо́?　あなたは誰に手紙を書いているのですか。
   – Я пишу́ его́ ма́ме.　私はお母さんに書いています。

   　　　　*　　　　　　　　　　*　　　　　　　　　　*

3. Студе́нт**ам** на́до занима́ться бо́льше※.
   学生達はもっと勉強しなければならない。
   ※бо́льше は、мно́го の比較級（ p.101 の(2)を参照）

4. Сего́дня **мне** хо́лодно.　今日は、私にとっては寒い。

5. **Мне** девятна́дцать лет.　私は 19 歳です。

   　　　　*　　　　　　　　　　*　　　　　　　　　　*

6. Приходи́те к **нам** в го́сти.　私たちの所へ遊びに来てください。

7. Де́ти иду́т по у́лиц**е**.　子供達は通りを歩いていく。

8. Вчера́ я посла́л (/посла́ла) кни́ги по по́чт**е**.
   昨日、私は郵便で本を送った。

9. Э́то но́вый уче́бник по матема́тик**е**.　これは数学の新しい教科書です。

   　　　　*　　　　　　　　　　*　　　　　　　　　　*

10. Я до́лжен (/должна́) позвони́ть Мари́н**е**.
    私はマリーナに電話をかけなければなりません。

11. Я **Вам** не меша́ю?　お邪魔ではありませんか。

12. Москва́ слеза́**м** не ве́рит.　モスクワは涙を信じない。

13. Я ча́сто помога́ю ма́м**е**.　私はよくお母さんの手伝いをします。

    　　　　*　　　　　　　　　　*　　　　　　　　　　*

14. **Мне** нра́вится ру́сская му́зыка.　私はロシアの音楽が好きです。

15. **Мне** понра́вилась ру́сская му́зыка.　私はロシアの音楽が気に入った。

解説

（1）名詞の与格

	単数主格	単数与格	複数主格	複数与格
男性	студе́нт	студе́нту	студе́нты	студе́нтам
	писа́тель	писа́телю	писа́тели	писа́телям
	музе́й	музе́ю	музе́и	музе́ям
中性	окно́	окну́	о́кна	о́кнам
	мо́ре	мо́рю	моря́	моря́м
女性	у́лица	у́лице	у́лицы	у́лицам
	пе́сня	пе́сне	пе́сни	пе́сням
	тетра́дь	тетра́ди	тетра́ди	тетра́дям

（2）人称代名詞の与格

主格	я	ты	он	оно́	она́	мы	вы	они́	кто	что
与格	мне	тебе́	ему́		ей	нам	вам	им	кому́	чему́

（3）与格の用法

1．間接目的語「～に、～へ」（例文 1, 2）
2．無人称文の意味上の主語（例文 3, 4, 5）; 52 , 70 を参照のこと
　　※ 無人称文の主語は、主格ではなく与格が用いられる
3．与格を伴う前置詞（例文 6〜9）

К＋与格	（人）の所へ	идти́ к ма́ме（お母さんの所へ行く）	例文 6
	（もの）の方へ	подойти́ к телефо́ну（電話の方へ近づく）	
ПО＋与格	～に沿って	идти́ по у́лице（通りに沿って歩いていく）	例文 7
	～を	гуля́ть по Москве́（モスクワを散歩する）	
	（伝達手段）で	переда́ть по телеви́зору（テレビで報道する）	例文 8
	～に関して	кни́га по эконо́мике（経済学に関する本）	例文 9

※ 前置詞 К に関しては、 36 の 解説 の3を参照。

4．与格支配動詞（例文 10〜13）；対格ではなく、与格の目的語をとる動詞

　　звони́ть「～に電話する」, меша́ть「～の邪魔をする」, ве́рить「～を信じる」,
　　помога́ть「～を手伝う」など

5．「与格＋нра́вится＋主格」の構文（例文 14, 15）

不完了体現在	мне＋нра́вится＋単数名詞（主格）	私は～が気に入っている
	мне＋нра́вятся＋複数名詞（主格）	
完了体過去	мне＋понра́вился＋男性単数名詞（主格）	私は～が気に入った
	мне＋понра́вилось＋中性単数名詞（主格）	
	мне＋понра́вилась＋女性単数名詞（主格）	
	мне＋понра́вились＋複数名詞（主格）	

26 名詞、人称代名詞の造格

1. – С **кем** Вы ходи́ли※ в теа́тр?
   あなたは、誰と一緒に劇場に行ったのですか。

   – Я ходи́л※ (/ходи́ла) в теа́тр с Анто́н**ом**.
   私はアントンと一緒に劇場に行って来ました。

   ※ ходи́ть に関しては、 60 の(2)を参照

2. – С **кем** Ко́ля говори́т по телефо́ну?
   コーリャは誰と電話で話しているのですか。

   – Он говори́т по телефо́ну с подру́г**ой**.
   彼は電話で（女性の）友達と話しています。

3. Он ре́дко разгова́ривает со※ студе́нт**ами**.
   彼はめったに学生達とは話し合わない。

   ※前置詞 с は、連続する 2 個以上の子音で始まる単語の前で、со となる時がある。

4. Я ча́сто путеше́ствую с роди́тел**ями**.
   私はしばしば両親と一緒に旅行します。

5. Я люблю́ ко́фе с молок**о́м**.　　私はカフェオレが好きです。

   ＊　　　　　　　＊　　　　　　　＊

6. – Чем вы еди́те?　　あなた方は何で食べますか。

   – Мы еди́м нож**о́м** и ви́лк**ой**.　　私たちはナイフとフォークで食べます。

   ＊　　　　　　　＊　　　　　　　＊

7. Мой сын – инжене́р.　　私の息子はエンジニアです。
   Мой сын был инжене́р**ом**.　　私の息子はエンジニアでした。
   Мой сын бу́дет инжене́р**ом**.　　私の息子はエンジニアになるだろう。

   ＊　　　　　　　＊　　　　　　　＊

8. Он стал врач**о́м**.　　彼は医者になった。

9. Москва́ явля́ется столи́ц**ей** Росси́и.　　モスクワはロシアの首都である。

10. Мой оте́ц рабо́тал инжене́р**ом**.　　私の父はエンジニアとして働いていた。

    ＊　　　　　　　＊　　　　　　　＊

11. Она́ занима́ется спо́рт**ом** ка́ждый день.
    毎日彼女はスポーツをしています。

12. Я интересу́юсь му́зык**ой**.　　私は音楽に興味を持っています。

解説

（1）名詞の造格

	単数主格	単数造格	複数主格	複数造格
男性	студе́нт	студе́нтом	студе́нты	студе́нтами
	писа́тель	писа́телем	писа́тели	писа́телями
	музе́й	музе́ем	музе́и	музе́ями
中性	окно́	окно́м	о́кна	о́кнами
	мо́ре	мо́рем	моря́	моря́ми
女性	же́нщина	же́нщиной	же́нщины	же́нщинами
	пе́сня	пе́сней	пе́сни	пе́снями
	тетра́дь	тетра́дью	тетра́ди	тетра́дям

（2）人称代名詞の造格

主格	я	ты	он	оно́	она́	мы	вы	они́	кто	что
造格	мной	тобо́й	им		ей	на́ми	ва́ми	и́ми	кем	чем

（3）造格の用法

1．前置詞 **c** とともに「～と一緒に、～を伴った」（例文 1~5）

2．道具、手段：「（道具）で、～によって」（例文 6）．

3．**быть** の過去形＋造格；「～だった」（例文 7）

 быть の未来形＋造格；「～になるだろう」（例文 7）

 ※ **быть** が不定形で使われる場合も造格支配

  Он хо́чет быть врачо́м. 彼は医者になりたがっている。

4．**стать**＋造格；「～になる」（例文 8）

5．**явля́ться**＋造格「～である」（例文 9）

 Москва́ – столи́ца Росси́и.とした場合、主語も述語も主格なので、どちらが主語か述語か分かりにくい。そのため、科学技術文献などでは、例文 9 のように、「**явля́ться**＋造格」が使われる場合が多い。

6．**рабо́тать**＋造格「～として働く」（例文 10）

7．造格支配動詞（例文 11、12）

 занима́ться，　интересова́ться

8．動作の主体（受動態の文で）；「～によって」（詳しくは、 65 の p.140 を参照）

 Э́тот вопро́с иссле́дуется <u>Анто́ном и Ни́ной</u>.

 この問題はアントンとニーナによって研究されている。

 ※ **Анто́н и Ни́на иссле́дуют э́тот вопро́с.**

 アントンとニーナはこの問題を研究している。

1. – Ско́лько сейча́с вре́мени?　今何時ですか。
   – Сейча́с 5 (пять) часо́в.　今5時です。

2. – Ско́лько сейча́с вре́мени?　今何時ですか。
   – Сейча́с 2 (два) часа́.　今2時です。

3. – Ско́лько Вам лет?　あなたは何歳ですか。
   – Мне 22 (два́дцать два) го́да.　私は22歳です。

4. – Ско́лько лет Анто́ну?　アントンは何歳ですか。
   – Ему́ 19 (девятна́дцать) лет.　彼は19歳です。

5. – Ско́лько сто́ит э́тот магнитофо́н?
   　このテープレコーダーはいくらですか。
   – Он сто́ит 580 (пятьсо́т во́семьдесят) рубле́й.
   　それは580ルーブルです。

6. – Ско́лько сто́ит э́та ру́чка?　このペンはいくらですか。
   – Она́ сто́ит 4 (четы́ре) рубля́ 50 (пятьдеся́т) копе́ек.
   　それは4ルーブル50コペイカです。

7. – Ско́лько сто́ит э́тот компью́тер?　このコンピュータはいくらですか。
   – Он сто́ит 695 (шестьсо́т девяно́сто пять) до́лларов.
   　それは695ドルです。

8. – Как до́лго Вы жда́ли?　あなたはどのくらい長く待っていましたか。
   – Я ждал (/ждала́) 20 (два́дцать) мину́т.　私は20分間待っていました。

　　　*　　　　　　*　　　　　　*

9. Ско́ро бу́дет 2014-ый (две ты́сячи четырна́дцатый) год.
   もうすぐ2014年です。

10. Тепе́рь уже́ 21-ый (два́дцать пе́рвый) век.　今はもう21世紀です。

11. – Како́е сего́дня число́?　今日は何日ですか。
   – Сего́дня 5-ое (пя́тое).　今日は5日です。

12. – Кото́рый тепе́рь час?　今、何時ですか。(←今、何番目の時間ですか。)
   – Тепе́рь 2-ой (второ́й) час.　今1時過ぎです。(←今第2時です。)

※ второ́й час「第2時」は、「1時から2時までの時間帯」のことである。пе́рвый час「第1時」は、「0時から1時までの時間帯」である。なお、тепе́рь「今」は、この場合、сейча́с「今」よりも時間の幅が少し広い「今」を表す。

（1）数詞と名詞の結合（数詞が主格の場合）

数詞	名詞	例
1	単数主格	**оди́н** журна́л
		одно́ ме́сто　場所、席
		одна́ газе́та
2	単数生格	два журна́л**а** (ме́ст**а**)
		две газе́т**ы**
3, 4		три журна́л**а** (ме́ст**а**, газе́т**ы**)
		четы́ре журна́л**а** (ме́ст**а**, газе́т**ы**)
5 以上の 基本数詞	複数生格	пять журна́л**ов** (мест, газе́т)
		два́дцать журна́л**ов** (мест, газе́т)
合成数詞※	末位の個数詞に従う	два́дцать **оди́н** журна́л
		два́дцать **два** журна́ла
		два́дцать **пять** журна́лов

※　合成数詞とは、2つ以上の基本数詞が集まって出来た数詞

※　о́ба（男・中）と о́бе（女）「両方の」という集合数詞がある。名詞との結びつきは、два (две) と同様に単数生格である。格変化は p.158 のコラム⑨を参照。о́ба глаза́（両目）、о́бе руки́（両手）

（2）名詞の生格（復習）

	単数主格	単数生格	複数生格	備考
男性	журна́л	журна́л**а**	журна́л**ов**	
	час　時間、～時	час**а́**	час**о́в**	アクセント移動
	год　年、歳	го́д**а**	лет	複数生格は、ле́то の複数生格を用いる
	рубль　ルーブル	рубл**я́**	рубл**е́й**	アクセント移動
	до́ллар　ドル	до́ллар**а**	до́ллар**ов**	
中性	ме́ст**о**	ме́ст**а**	мест	
	вре́м**я**　時	вре́м**ени**	врем**ён**	単数では「時」、複数では「時代」の意味で用いられる
女性	газе́т**а**	газе́т**ы**	газет	
	копе́йк**а**　コペイカ	копе́йк**и**	копе́ек	出没母音に注意
	мину́т**а**　分	мину́т**ы**	мину́т	

（3）順序数詞（例文 9~12）；　詳しくは、48 を参照

詳しくは、48 を参照

1．順序数詞は、形容詞と同じように変化する。ただし、тре́тий だけは、物主形容詞と同じ変化をする（ p.93 の参考2 を参照）。
2．名詞と結合する場合、順序数詞は、名詞の性・数・格に従って変化する。
3．合成順序数詞（例文 9, 10）の場合、末位だけが変化する。

28　名詞の格変化の整理

1. – **Что** у Вас есть?　何を持っているのですか。
   – У меня́ есть **журна́л**.　雑誌です。

2. – **Чего́** Вы бои́тесь?　あなたは何を恐れているのですか。
   – Я бою́сь **темноты́**.　暗がりを恐れています。

3. – **Чему́** он ра́дуется?　彼は何を喜んでいるのですか。
   – Он ра́дуется **письму́** от бра́та.　兄弟からの手紙を喜んでいます。

4. – **Что** она́ чита́ет?　彼女は何を読んでいますか。
   – Она́ чита́ет **расска́з**.　彼女は物語を読んでいます。

5. – **Чем** Вы интересу́етесь?　あなたは何に興味を持っていますか。
   – Я интересу́юсь **футбо́лом**.　私はサッカーに興味を持っています。

6. – О **чём** Вы ду́маете?　あなたは何について考えているのですか。
   – Я ду́маю о **рабо́те**.　仕事について考えています。

　　　　　*　　　　　　　　　*　　　　　　　　　*

7. – **Кто** у́чится лу́чше всех※?　誰が一番成績がいいのですか。
   – Лу́чше всех у́чится **Мари́на**.　一番成績のいいのはマリーナです。
   ※ лу́чше всех の形で、最上級の意味になる「一番良く」(p.103 の(4)を参照)

8. – У **кого́** есть маши́на?　誰が車を持っていますか。
   – Она́ есть у **Алекса́ндра**.　車を持っているのはアレクサンドルです。

9. – **Кому́** он звони́т?　彼は誰に電話をかけているのですか。
   – Он звони́т **ма́ме**.　彼はお母さんに電話をかけています。

10. – **Кого́** Вы ви́дели у́тром?　あなたは朝だれに会ったのですか。
    – У́тром я ви́дел (/ви́дела) **Анто́на**.　朝、私はアントンに会いました。

11. – **Кем** он рабо́тает?　彼の職業は何ですか。
    – Он рабо́тает **инжене́ром**.　彼はエンジニアとして働いています。

12. – О **ком** они́ разгова́ривают?　彼らは誰について話しているのですか。
    – Они́ разгова́ривают о **же́нщинах**.　彼らは女性について話しています。

解説

名詞の格変化

単数

	男性名詞		中性名詞	女性名詞	
主格	инжене́р	журна́л	письмо́	же́нщина	рабо́та
生格	инжене́ра	журна́ла	письма́	же́нщины	рабо́ты
与格	инжене́ру	журна́лу	письму́	же́нщине	рабо́те
対格	инжене́ра	журна́л	письмо́	же́нщину	рабо́ту
造格	инжене́ром	журна́лом	письмо́м	же́нщиной	рабо́той
前置格	инжене́ре	журна́ле	письме́	же́нщине	рабо́те

複数

	男性名詞		中性名詞	女性名詞	
主格	инжене́ры	журна́лы	пи́сьма	же́нщины	рабо́ты
生格	инжене́ров	журна́лов	пи́сем	же́нщин	рабо́т
与格	инжене́рам	журна́лам	пи́сьмам	же́нщинам	рабо́там
対格	инжене́ров	журна́лы	пи́сьма	же́нщин	рабо́ты
造格	инжене́рами	журна́лами	пи́сьмами	же́нщинами	рабо́тами
前置格	инжене́рах	журна́лах	пи́сьмах	же́нщинах	рабо́тах

1. 上記の変化表は、まず最初に覚えるべき規則変化（硬変化）の名詞の変化表である。
   詳しくは、 30 ～ 32 を参照のこと。

2. 不活動体名詞の対格は主格に等しく、活動体名詞の対格は生格の形に等しい。
   例外　女性名詞単数は、活動体・不活動体に関わりなく、次のように変化する。
   　　　-а (-я) で終わる名詞：　対格は -у (-ю)
   　　　-ь で終わる女性名詞：　対格＝主格

3. 男性名詞単数と中性名詞単数の変化はほぼ同じである。

4. 複数形は、男性・中性・女性ともに変化はほぼ同じである。ただし、中性複数生格と
   女性複数生格は、ゼロ語尾になる。ゼロ語尾になる場合、пи́сем のように、出没母音
   が入る場合がある。

5. 疑問代名詞 что は不活動体名詞と同様に「対格＝主格」、一方、疑問代名詞 кто は活
   動体名詞と同様に「対格＝生格」である。

29 形容詞、所有代名詞等の変化

1. Ско́ро бу́дет Но́в**ый** год.　もうすぐ新年です。

2. До Но́в**ого** го́да ещё два ме́сяца.　新年までまだ2ヶ月ある。

3. Нам на́до написа́ть э́ту статью́ к Но́в**ому** го́ду.
 我々は新年までにこの論文を書き上げなければならない。

4. Мы встреча́ли Но́в**ый** год в Росси́и.
 私たちは新年をロシアで迎えたことがある。

5. С Но́в**ым** го́дом!　新年あけましておめでとう。

6. Они́ разгова́ривали о Но́в**ом** го́де.　彼らは新年について話していた。

*　　　　　　　　　*　　　　　　　　　*

7. Мне нра́вится ру́сск**ий** язы́к.　私はロシア語が気に入っている。

8. Он изуча́ет исто́рию ру́сск**ого** языка́.
 彼はロシア語の歴史を研究している。

9. За́втра у нас бу́дет экза́мен по ру́сск**ому** языку́.
 明日、ロシア語のテストがあります。

10. Они́ хорошо́ зна́ют ру́сск**ий** язы́к.　彼らはよくロシア語を知っている。

11. Я интересу́юсь ру́сск**им** языко́м.　私はロシア語に興味を持っている。

12. В ру́сск**ом** языке́ мно́го иностра́нных слов.
 ロシア語には、たくさんの外来語がある。

*　　　　　　　　　*　　　　　　　　　*

13. Там стои́т мой брат.　あそこに立っているのは私の兄（弟）です。

14. У мо**его́** бра́та есть маши́на.　私の兄（弟）は車を持っている。

15. Мо**ему́** бра́ту 22 (два́дцать два) го́да.　私の兄（弟）は22歳です。

16. Та́ня зна́ет мо**его́** бра́та.　ターニャは私の兄（弟）を知っている。

17. Он ходи́л в шко́лу вме́сте с мо**и́м** бра́том.
 彼は私の兄（弟）と一緒に学校に通っていた。

18. Они́ разгова́ривают о мо**ём** бра́те.
 彼らは私の兄（弟）について話している。

解説

◎形容詞、所有代名詞の変化

　複数と男性単数の名詞を修飾する場合、対格形に注意しなければならない。不活動体名詞を修飾する場合は「対格＝主格」、活動体名詞を修飾する場合は「対格＝生格」となる。

（1）　形容詞の変化（詳しくは、 40 , 41 を参照）

	単数			複数
	男性	中性	女性	3性共通
主格	но́вый	но́вое	но́вая	но́вые
生格	но́вого	но́вого	но́вой	но́вых
与格	но́вому	но́вому	но́вой	но́вым
対格	主格か生格	но́вое	но́вую	主格か生格
造格	но́вым	но́вым	но́вой	но́выми
前置格	но́вом	но́вом	но́вой	но́вых

　先ず、но́вый の変化を覚えよう。そうすれば、他の形容詞変化は、2, 3の相違点を押さえれば、覚えやすい。たとえば、例文7〜12の ру́сский の場合は、正書法の規則により「кы ではなく、ки となる」ことに注意するだけでよい。

（2）　所有代名詞の変化（詳しくは、 37 を参照）

	単数			複数
	男性	中性	女性	3性共通
主格	мой	моё	моя́	мои́
生格	моего́	моего́	мое́й	мои́х
与格	моему́	моему́	мое́й	мои́м
対格	主格か生格	моё	мою́	主格か生格
造格	мои́м	мои́м	мое́й	мои́ми
前置格	моём	моём	мое́й	мои́х

1. твой と свой は мой と同様の変化である。чей は変化語尾が同じであるが、語幹 че が男性単数主格形以外は、чь となる。
2. ваш と наш は、語幹にアクセントがある点が мой と異なり、そのため、男性単数と中性単数の前置格語尾が ём ではなく、ем となる。
3. 3人称の所有代名詞 его́, её, их は、性・数・格によって変化しない。

形容詞、所有代名詞の変化　　**67**

コラム② （ロシア人の名前と愛称）

男 性		女 性	
名前	愛称	名前	愛称
Алекса́ндр	Са́ша	Алекса́ндра	Са́ша
Алексе́й	Алёша	А́нна	А́ня
Андре́й	Андрю́ша	Екатери́на	Ка́тя
Анто́н	Анто́н	Еле́на	Ле́на
Васи́лий	Ва́ся	Елизаве́та	Ли́за
Ви́ктор	Ви́тя	Ири́на	И́ра
Влади́мир	Воло́дя	Лари́са	Ла́ра
Ива́н	Ва́ня	Любо́вь	Лю́ба
И́горь	И́горь (Игорёша)	Людми́ла	Лю́да
Михаи́л	Ми́ша	Мари́на	Мари́на
Никола́й	Ко́ля	Мари́я	Ма́ша
Па́вел	Па́ша	Наде́жда	На́дя
Пётр	Пе́тя	Ната́лия	Ната́ша
Серге́й	Серёжа	О́льга	О́ля
Ю́рий	Ю́ра	Татья́на	Та́ня

1. 遠慮の要らない間柄の人（家族、友人など）に対しては、愛称で呼ぶのが一般的である。
2. 日本語の「〜さん」、「〜先生」、英語の「Mr.〜」、「Ms.〜」のような丁寧な呼び方は、ロシア語では、「名前＋父称」によって表す。父称に関しては、下記のコラム③を参照のこと。

コラム③ （ロシア人の父称）

父親の名前	息子に付ける父称	娘に付ける父称	備考
Алекса́нд**р**	Алекса́нд**рович**	Алекса́нд**ровна**	
Андре́**й**	Андре́**евич**	Андре́**евна**	
Влади́ми**р**	Влади́ми**рович**	Влади́ми**ровна**	
Ива́**н**	Ива́**нович**	Ива́**новна**	
Миха**и́л**	Мих**а́йлович**	Мих**а́йловна**	アクセント移動；и→й
Никола́**й**	Никола́**евич**	Никола́**евна**	
Па́ве**л**	Па́вл**ович**	Па́вл**овна**	е の脱落
Пётр	Пет**ро́вич**	Пет**ро́вна**	アクセント移動、ё→е
Ю́р**ий**	Ю́рь**евич**	Ю́рь**евна**	и→ь

父称の作り方　息子に付ける父称：父親の名前＋**ович**（**евич**）

娘に付ける父称：　父親の名前＋**овна**（**евна**）

※ -ович, -овна を付けるのは、子音で終わる男性の名前（Алекса́ндр, Ива́н など）

-евич, -евна を付けるのは、-й で終わる男性の名前（Андре́й, Никола́й など）

本 編

Пе́рвого сентября́ в Росси́и пра́зднуют День зна́ний.
9月1日にロシアでは「知識の日」を祝う。

30 男性名詞の規則変化

		A型 (-硬子音)	B型 (-ь)	C型 (-й)
単数	主	студе́нт 学生	писа́тель 作家	музе́й 博物館
	生	студе́нта	писа́теля	музе́я
	与	студе́нту	писа́телю	музе́ю
	対	＝生格	＝生格	＝主格
	造	студе́нтом	писа́телем	музе́ем
	前	студе́нте	писа́теле	музе́е
複数	主	студе́нты	писа́тели	музе́и
	生	студе́нтов	писа́телей	музе́ев
	与	студе́нтам	писа́телям	музе́ям
	対	＝生格	＝生格	＝主格
	造	студе́нтами	писа́телями	музе́ями
	前	студе́нтах	писа́телях	музе́ях

		D型 (-г,к,х)	E型 (-ж,ч,ш,щ)	F型 (-ц)
単数	主	ма́льчик 少年	пляж 浜辺	ме́сяц 月
	生	ма́льчика	пля́жа	ме́сяца
	与	ма́льчику	пля́жу	ме́сяцу
	対	—生格	—主格	＝主格
	造	ма́льчиком	пля́жем	ме́сяцем
	前	ма́льчике	пля́же	ме́сяце
複数	主	ма́льчики	пля́жи	ме́сяцы
	生	ма́льчиков	пля́жей	ме́сяцев
	与	ма́льчикам	пля́жам	ме́сяцам
	対	＝生格	＝主格	＝主格
	造	ма́льчиками	пля́жами	ме́сяцами
	前	ма́льчиках	пля́жах	ме́сяцах

1．活動体の男性名詞は「対格＝生格」、不活動体の男性名詞は「対格＝主格」となる。活動体名詞、不活動体名詞に関しては、35 を参照。

2．D型はA型と、E型はB型と、F型はC型と格変化が類似している。

3．B型の名詞の内、語尾にアクセントがあるものは、単数造格語尾 ем が ём となる。

    рубль ルーブル ― рублём （単・造）

4．C型の名詞の内、語尾にアクセントがあるものは、複数生格語尾 ев が ёв となる。

    бой 戦闘 ― боёв （複・生）

5．D型の名詞は、正書法の規則により、ы が и なる（A型との相違点）。

6．E型の名詞は、正書法の規則により я が а、ю が у となる（B型との相違点）。さらに、語尾にアクセントがある場合、単数造格語尾 ем が ом となる。

    каранда́ш 鉛筆 ― карандашо́м （単・造）

7．F型の名詞は、正書法の規則により я が а、ю が у となる（C型との相違点）。さらに、語尾にアクセントがある場合、単数造格語尾 ем が ом、複数生格語尾 ев が ов となる。

    оте́ц 父 ― отцо́м （単・造）、отцо́в （複・生）
    ※ оте́ц の е は出没母音。出没母音に関しては、35 を参照。

8．単数主格の語末が ий となるもの（C型の名詞の変種）は、単数前置格語尾が ии となる。

    санато́рий サナトリウム ― санато́рии （単・前）

9．男性名詞には、特殊変化がいくつかある。複数形の変化に特徴のあるものは、33 を、単数前置格、単数生格、複数生格に特徴のあるものは、34 を参照のこと。

１０．外来語の一部は全く変化をしないものもある。その多くは中性名詞として扱われるが、ко́фе「コーヒー」のように、男性名詞として扱われるものも稀にある。

    чёрный ко́фе ブラック・コーヒー

１１．アクセント移動する語もある。例えば、次の語は、単数生格以下でアクセントが語尾へ移動する。 стол 机、テーブル、слова́рь 辞書

男性名詞の規則変化　71

中性名詞の規則変化

		A型 (-о)	B型 (-е)	C型 (-ие)	D型 (-ье)
単数	主	слóво 単語	мóре 海	здáние 建物	варéнье ジャム
	生	словá	мóря	здáния	варéнья
	与	слóву	мóрю	здáнию	варéнью
	対	=主格	=主格	=主格	=主格
	造	слóвом	мóрем	здáнием	варéньем
	前	слóве	мóре	здáнии	варéнье
複数	主	словá	моря́	здáния	варéнья
	生	слов	морéй	здáний	варéний
	与	словáм	моря́м	здáниям	варéньям
	対	=主格	=主格	=主格	=主格
	造	словáми	моря́ми	здáниями	варéньями
	前	словáх	моря́х	здáниях	варéньях

		E型 (ж,ч,ш,щ,ц-е)	F型 (ж,ч,ш,щ,ц-ó)	G型 (-мя)
単数	主	сóлнце 太陽	лицó 顔	врéмя 時
	生	сóлнца	лицá	врéмени
	与	сóлнцу	лицý	врéмени
	対	=主格	=主格	=主格
	造	сóлнцем	лицóм	врéменем
	前	сóлнце	лицé	врéмени
複数	主	сóлнца	лúца	временá 時代
	生	сóлнц	лиц	времён
	与	сóлнцам	лúцам	временáм
	対	=主格	=主格	=主格
	造	сóлнцами	лúцами	временáми
	前	сóлнцах	лúцах	временáх

解説

1．中性名詞は、複数形でアクセント移動するものが非常に多い。

2．原則として、中性名詞は不活動体なので、「対格＝主格」である。
　　しかし、活動体の中性名詞も稀に存在する。ただし、「対格＝生格」となるのは、複数形の場合だけである。

　　чудо́вище 怪物，　лицо́ 人（「顔」の意味の場合は、不活動体）
　　живо́тное 動物（形容詞派生名詞）

3．A型、E型、F型の中性名詞は、複数生格で変化語尾がなくなる。その際、語末に子音が重なる可能性が出てくるが、母音（o か e）を挿入して、子音の重なりを避けることが多い。このような母音を出没母音という。詳しくは、| 35 | の(2)を参照のこと。

　　окно́ 窓 — о́ко̲н（複・生）

4．C型の-ие で終わる中性名詞は、単数前置格語尾が-ии、複数生格語尾が-ий となる。その他の語形は、B型と同じ。
　　D型の-ье で終わる中性名詞は、C型と似た変化をする。単数前置格が-ье、複数生格が-ий となる点に注意。

　　варе́нье ジャム — варе́нье（単数前置格）、варе́ний（複数生格）

5．E型の名詞はすべて、語幹にアクセントがある。

6．F型の名詞はすべて、単数形において語尾にアクセントがある。

7．G型に属する名詞は10語のみ。まず、вре́мя, и́мя（名前）, зна́мя（旗）を覚えておこう。

8．特殊変化をする中性名詞が少しある。詳しくは、| 33 | を参照のこと。
　　① 複数形の全ての格変化に特徴のあるもの
　　　де́рево 木 — дере́вья（複・主），　перо́ 羽 — пе́рья（複・主）
　　　крыло́ 翼 — кры́лья（複・主）
　　② 複数主格にのみ特徴ある変化形を持つもの
　　　я́блоко りんご — я́блоки（複・主），　плечо́ — пле́чи 肩（複・主）
　　　ве́ко — ве́ки まぶた（複・主）

9．外来語の一部には、全く変化しないものがあるが、その多くは、中性名詞である。

　　кино́ 映画館, метро́ 地下鉄, ра́дио ラジオ, пальто́ コート
　　шоссе́ 街道, кафе́ カフェ, такси́ タクシー, меню́ メニュー

32 女性名詞の変化

		A型 (-a)	B型 (-я)	C型 (-ия)	D型 (-ь)
単数	主	рабо́та 仕事	неде́ля 週	ста́нция 駅	боле́знь 病気
	生	рабо́ты	неде́ли	ста́нции	боле́зни
	与	рабо́те	неде́ле	ста́нции	боле́зни
	対	рабо́ту	неде́лю	ста́нцию	＝主格
	造	рабо́той	неде́лей	ста́нцией	боле́знью
	前	рабо́те	неде́ле	ста́нции	боле́зни
複数	主	рабо́ты	неде́ли	ста́нции	боле́зни
	生	рабо́т	неде́ль	ста́нций	боле́зней
	与	рабо́там	неде́лям	ста́нциям	боле́зням
	対	＝主格	＝主格	＝主格	＝主格
	造	рабо́тами	неде́лями	ста́нциями	боле́знями
	前	рабо́тах	неде́лях	ста́нциях	боле́знях

		E型 (г,к,х-а)	F型 (ж,ч,ш,щ-а)	G型 (ц-а)	H型 (ж,ч,ш,щ-ь)
単数	主	подру́га 友達	переда́ча 放送	учи́тельница 先生	вещь 物
	生	подру́ги	переда́чи	учи́тельницы	ве́щи
	与	подру́ге	переда́че	учи́тельнице	ве́щи
	対	подру́гу	переда́чу	учи́тельницу	＝主格
	造	подру́гой	переда́чей	учи́тельницей	ве́щью
	前	подру́ге	переда́че	учи́тельнице	ве́щи
複数	主	подру́ги	переда́чи	учи́тельницы	ве́щи
	生	подру́г	переда́ч	учи́тельниц	веще́й
	与	подру́гам	переда́чам	учи́тельницам	веща́м
	対	＝生格	＝主格	＝生格	＝主格
	造	подру́гами	переда́чами	учи́тельницами	веща́ми
	前	подру́гах	переда́чах	учи́тельницах	веща́х

1．-a (-я)で終わる女性名詞の単数対格語尾は、活動体、不活動体にかかわらず、常に-y (-ю)となる。

2．-ь で終わる女性名詞の単数対格は、活動体、不活動体にかかわらず、常に主格に等しい。

3．複数対格は、どの型の女性名詞も、次のようになる。

> 不活動体名詞は、「複数対格＝複数主格」となる。
> 活動体名詞は、「複数対格＝複数生格」となる。

4．単数造格語尾 ой (ей)は、詩や民話などでは ою (ею)となることがある。

5．A型、B型、E型、F型とG型の女性名詞は、複数生格で変化語尾がなくなる。その際、語末に子音が重なる可能性が出てくるが、母音(o か e)を挿入して子音の重なりを避けることが多い。このような母音を出没母音という。詳しくは、35 の(2)を参照。

> студе́нтка 女子学生 — студе́нт**о**к （複・生）

6．B型の女性名詞は、単数造格で語尾にアクセントがある場合、e が ё になる。　заря́ 朝焼け、夕焼け — заре́й （単・造）

7．B型とF型の女性名詞は、複数生格で語尾が е́й となるものがある。

> до́ля 分け前 — доле́й （複・生）、свеча́ ろうそく — свече́й （複・生）

8．F型とG型の単数造格は、語尾にアクセントがある場合、ей が ой となる。　свеча́ — свечо́й （単・造）

9．-ь で終わる女性名詞の単数前置格が в, на と共に用いられ、場所を表す時には、アクセントが語末に来る場合がある。

> кровь 血 — на крови́ （単・前）
>
> степь ステップ、草原帯 — в степи́ （単・前）

10．мать （母） と дочь （娘） は、特殊な変化をする。

単数				複数			
	主	мать	дочь		主	ма́тери	до́чери
	生	ма́тери	до́чери		生	матере́й	дочере́й
単数	与	ма́тери	до́чери	複数	与	матеря́м	дочеря́м
	対	мать	дочь		対	матере́й	дочере́й
	造	ма́терью	до́черью		造	матеря́ми	дочерьми́※
	前	ма́тери	до́чери		前	матеря́х	дочеря́х

※дочь の複数造格 дочерьми́は、口語では дочеря́ми となる場合がある。

11．сестра́の複数形は以下の通り。

> сёстры, сестёр, сёстрам, сестёр, сёстрами, сёстрах

33　名詞の特殊変化① （男性・中性）

		A型 （男性）	B型 （男性）	C型 （男性）	D型 （男性）
単数	主	брат 兄弟	друг 友達	го́род 都市	котёнок 子猫
	生	бра́та	дру́га	го́рода	котёнка
	与	бра́ту	дру́гу	го́роду	котёнку
	対	＝生格	＝生格	＝主格	＝生格
	造	бра́том	дру́гом	го́родом	котёнком
	前	бра́те	дру́ге	го́роде	котёнке
複数	主	бра́тья	друзья́	города́	котя́та
	生	бра́тьев	друзе́й	городо́в	котя́т
	与	бра́тьям	друзья́м	города́м	котя́там
	対	＝生格	＝生格	＝主格	＝生格
	造	бра́тьями	друзья́ми	города́ми	котя́тами
	前	бра́тьях	друзья́х	города́х	котя́тах

		E型 （男性）	F型 （中性）	G型 （中性）
単数	主	граждани́н 市民	де́рево 木	я́блоко りんご
	生	граждани́на	де́рева	я́блока
	与	граждани́ну	де́реву	я́блоку
	対	＝生格	＝主格	＝主格
	造	граждани́ном	де́ревом	я́блоком
	前	граждани́не	де́реве	я́блоке
複数	主	гра́ждане	дере́вья	я́блоки
	生	гра́ждан	дере́вьев	я́блок
	与	гра́жданам	дере́вьям	я́блокам
	対	＝生格	＝主格	＝主格
	造	гра́жданами	дере́вьями	я́блоками
	前	гра́жданах	дере́вьях	я́блоках

1．A型は、複数のすべての格で特殊変化をする。この型に属するのは、10 数語である。

стул 椅子 — сту́лья （複・主）， лист 葉 — ли́стья （複・主）

2．B型は、複数形でアクセントが語尾に移動する点と複数生格が **ей** となる点でA型と異なる。また、子音交替（p.31 の(3)参照）が起こるものもある。

муж 夫 — мужья́ （複・主）， сын 息子 — сын**овь**я́ （複・主）

3．C型は、複数主格のみ特殊変化する。また、アクセントは、複数形のすべての格で、語尾に移動する。

бе́рег 岸 — берега́， ве́чер 晩 — вечера́， дом 家 — дома́

глаз 目 — глаза́， лес 森 — леса́， учи́тель 先生 — учителя́

4．D型は、複数形が特殊変化する。この型に属する単語の多くは、「子」を表す名詞である。また、単数形の斜格（主格以外の格）で、母音が脱落する（ 35 の(2)の出没母音の項を参照）。

ребёнок 子供 — ребя́та （複・主）， телёнок 子牛 — теля́та （複・主）

5．E型は、複数形が特殊変化する。左記の変化表にある гражда́нин は、例外的に、複数形でアクセントが移動する。

россия́нин ロシア国民 — россия́не （複・主）

крестья́нин 農民 — крестья́не （複・主）

англича́нин 英国人男性 — англича́не （複・主）

6．F型は、A型に似た変化をする中性名詞である。普通、アクセント移動がある。 перо́ 羽 — пе́рья （複・主）， крыло́ 翼 — кры́лья （複・主）

7．G型は、複数主格のみ特殊変化をする。

плечо́ 肩 — пле́чи （複・主）， ве́ко まぶた — ве́ки （複・主）

8．男性名詞 путь（道）の変化は以下の通り。

（単）путь, пути́, пути́, путь, путём, пути́
（複）пути́, путе́й, путя́м, пути́, путя́ми, путя́х

9．сосе́д（隣人）の変化は以下の通り。

（単）сосе́д, сосе́да, сосе́ду, сосе́да, сосе́дом, сосе́де
（複）сосе́ди, сосе́дей, сосе́дям, сосе́дей, сосе́дями, сосе́дях

10．лю́ди（人々）、де́ти（子供たち）の変化は以下の通り。

（複）лю́ди, люде́й, лю́дям, люде́й, людьми́, лю́дях
（複）де́ти, дете́й, де́тям, дете́й, детьми́, де́тях

名詞の特殊変化②（男性）、固有名詞の変化

（1）名詞の特殊変化（つづき）

H型（男性）	
単数前置格が-ý,-ю́になる	
単数主格	単数前置格
лес 森	в лесý
пол 床	на полý
край 端、外れ	на краю́
сад 庭	в садý
ýгол 隅	в углý（出没母音あり）

I型（男性）	
単数生格が-у,-ю になる	
単数主格	単数生格
шум 騒音	шýму
чай 茶	чáю
нарóд 人民	нарóду
снег 雪	снéгу
час 時間	чácу

J型（男性）	
個数詞と結合するとき、複数生格が単数主格と同形になるもの	
単数主格	複数主格, 複数生格, 複数与格…
раз 回、度	разы́, **раз**, разáм…
грамм グラム	грáммы, **грамм**, грáммам…

（2）-ин(-ын), -ов(-ёв, -ев) に終わる姓の変化

	男性	女性	複数
主	Пýшкин プーシキン（姓）	Пýшкина	Пýшкины
生	Пýшкина	Пýшкиной	Пýшкиных
与	Пýшкину	Пýшкиной	Пýшкиным
対	Пýшкина	Пýшкину	Пýшкиных
造	Пýшкиным	Пýшкиной	Пýшкиными
前	Пýшкине	Пýшкиной	Пýшкиных

	男性	女性	複数
主	Ромáнов ロマノフ（姓）	Ромáнова	Ромáновы
生	Ромáнова	Ромáновой	Ромáновых
与	Ромáнову	Ромáновой	Ромáновым
対	Ромáнова	Ромáнову	Ромáновых
造	Ромáновым	Ромáновой	Ромáновыми
前	Ромáнове	Ромáновой	Ромáновых

（1） 名詞の特殊変化（つづき）

1. H型は、前置詞 **в** または **на** とともに用いられる場合に限り、単数前置格が特殊変化する。この型に属する多くの名詞は、1音節の男性名詞である。　год 年 — году́，　бе́рег 岸 — берегу́

2. I型は、単数生格のみ特殊変化する。この型に属するのは、物質名詞と抽象名詞であり、部分生格と数量生格（ 51 を参照）として用いられる。また、正則の生格語尾 **-a, -я** を用いることもできる。

   物質名詞；ча́шка ча́ю (/ча́я)，　ма́ло снéгу (/снéга)，

   抽象名詞；мнóго шу́му (/шу́ма)，　мнóго нарóду (/нарóда)

3. J型は、個数詞と結合するとき、複数生格の形が単数主格と同形になるものである。

   оди́н раз (単数主格) 1回 — пять раз (複数生格) 5回

   оди́н человéк (単数主格) 1人 — пять человéк (複数生格) 5人

（2） 姓の変化、地名の変化

1. **-ин (-ын), -ов (-ёв, -ев)** に終わる姓の変化は、名詞変化ではなく物主形容詞（ 41 を参照）の変化に準ずる。しかし、男性単数前置格だけは名詞変化に等しい。

2. **-ый(-ий), -óй** に終わる姓の変化は、形容詞の変化（ 40 を参照）と同様である。

   Толстóй, Толста́я… ；　Достоéвский, Достоéвская…

3. 1のような姓が地名になった場合は、名詞変化をする。

	地　　名	
	男性	中性
主	Пу́шкин	Пу́шкино
生	Пу́шкина	Пу́шкина
与	Пу́шкину	Пу́шкину
対	Пу́шкин	Пу́шкино
造	Пу́шкином	Пу́шкином
前	Пу́шкине	Пу́шкине

・Пу́шкин というのは、Санкт-Петербу́рг 郊外にある都市。

・Пу́шкино というのは、Москва́ 郊外にある小都市。

上記の変化形のうち、造格はあまり用いられない。その代わりとして、**гóродом** Пу́шкин とか、**посёлком** Пу́шкино といった形がよく用いられる。

35 活動体名詞・不活動体名詞、出没母音、子音交替

（1）活動体名詞・不活動体名詞

活動体名詞	**人・動物を表す名詞**（кто? の答えになる名詞） студéнт 男子学生, волк 狼, жéнщина 女性, кóшка 猫, дéти 子供達	対格＝生格 ＜但し、女性単数対格は例外＞
不活動体名詞	**物・事物を表す名詞**（что? の答えになる名詞） гóрод 都市, глаз 目, рекá 川, машúна 車, дéрево 木, письмó 手紙	対格＝主格 ＜但し、-а で終わる女性名詞の 単数対格は例外＞

※ нарóд（国民、民族），скот（家畜）などの集合名詞は、人、動物を表すが、不活動体名詞として扱われる。

（2）出没母音の種類

	出没する場所	出没	例	備考
名詞	女性複数生格	母音出現	студéнтка 女子学生 － студéнт**о**к（複・生） кýкла 女子学生 － кýк**о**л（複・生） дéвушка 若い女性 － дéвуш**е**к（複・生） копéйка コペイカ － копé**е**к（複・生）	語幹末に子音が2つ以上並ぶ場合、子音間に-е-か-о-が出現
	中性複数生格	母音出現	окнó 窓 － ó**к**он（複・生） числó 数 － чú**с**ел（複・生） письмó 手紙 － пú**с**ем（複・生） сéрдце 心臓 － сердé**ц**（複・生）	
	男性単数主格以外のすべての語形で	母音消失	отéц 父（単・主），отцá, отцý, отцá, отцóм, отцé, отцы́, отцóв … р**о**т 口（単・主），рта, рту, р**о**т, ртом, рте/рту, рты, ртов … д**е**нь 日（単・主），дня, дню, д**е**нь, днём, дне, дни, дней … огóнь 火（単・主），огня́, огню́, огóнь, огнём, огнé … пá**л**ец 指（単・主），пáльца, пáльцу, пá**л**ец, пáльцем, пáльце, пáльцы, пáльцев …	男性単数主格以外のすべての語形で、語幹末の子音の前にある-е-か-о-が消失 （ただし、不活動体名詞の単数対格形は単数主格形に等しい）
形容詞	短語尾男性形 42 の(2)を参照	母音出現	интерéсный 面白い － интерéс**е**н（短語尾男性形） рáвный 等しい － рáв**е**н（短語尾男性形） больнóй 病気の － бó**л**ен（短語尾男性形） крéпкий 堅い － крéп**о**к（短語尾男性形）	語幹末に子音が2つ以上並ぶ場合、子音間に-е-か-о-が出現

（3）子音交替（ 45 ， 53 ， 54 に関連事項）

交替	動詞不定形 － 動詞現在形	形容詞原級 － 形容詞比較級
д － ж	ходи́ть 歩いて行く － хожу́	молодо́й 若い － моло́же
т － ч	хоте́ть 欲する － хочу́	бога́тый 豊かな － бога́че
ст － щ	прости́ть 許す － прощу́	густо́й 濃い － гу́ще
в － вл	гото́вить 準備する－ гото́влю	дешёвый 安い － деше́вле

解説

（1）活動体名詞と不活動体名詞

１．活動体と不活動体の区別は格変化の際に重要な意味を持つ。

> 活動体名詞 ：　対格＝生格
> 不活動体名詞：対格＝主格

例外1　 -a, -я に終わる女性名詞は、活動体・不活動体にかかわらず、単数対格の語尾が、それぞれ-y, -ю となる（ 32 を参照のこと）。

例外2　 -ь に終わる女性名詞は、活動体・不活動体にかかわらず、単数対格が主格に等しい（ 32 を参照のこと）。

２．中性名詞は、де́ти（子供たち；ふつう複数で用いられる）, живо́тное（動物）などの少数の単語を除けば、すべて、不活動体名詞である。活動体の中性名詞は、「単数対格＝単数主格」だが、複数対格が複数生格と同形になる。

３．単数主格が-a, -я に終わる男性名詞の対格は、女性名詞と同じく、対格が-y, -ю となる。　па́па（単数主格）－ па́пу（単数対格）

（2）出没母音

　語形変化の際、語幹内の母音が消失したり、語幹に母音が出現したりすることがある。消失したり、出現したりする母音を出没母音という。

（3）子音交替；主な子音交替は次の通り

С	Х	З	Г	Д	К	Ц	Т	Т	СК	СТ	б	В	М	П
↓	↓	↓	↓	↓	↓	↓	↓	↓	↓	↓	↓	↓	↓	↓
Ш	Ш	Ж	Ж	Ж	Ч	Ч	Ч	Щ	Щ	Щ	бл	вл	мл	пл

36　代名詞①（人称代名詞、疑問代名詞、再帰代名詞）

（1）人称代名詞（1人称, 2人称）

	単　　数		複　　数	
	1人称	2人称	1人称	2人称
主	я	ты	мы	вы
生	меня́	тебя́	нас	вас
与	мне	тебе́	нам	вам
対	меня́	тебя́	нас	вас
造	мной	тобо́й	на́ми	ва́ми
前	мне	тебе́	нас	вас

（2）人称代名詞（3人称）

	単　　　数			複　数
	男性	中性	女性	3性共通
主	он	оно́	она́	они́
生	его́	его́	её	их
与	ему́	ему́	ей	им
対	его́	его́	её	их
造	им	им	ей	и́ми
前	нём	нём	ней	них

（3）疑問代名詞

主	кто 誰	что 何
生	кого́	чего́
与	кому́	чему́
対	кого́	что
造	кем	чем
前	ком	чём

（4）再帰代名詞

主	———
生	себя́ 自分自身
与	себе́
対	себя́
造	собо́й
前	себе́

解説

1．人称代名詞、再帰代名詞の対格は、常に生格に等しい。

2．3人称の人称代名詞が前置詞を伴う場合、**н** を前に付ける。なお、前置格は常に前置詞を伴うので、**н** を付けた形でしか用いられない。

у него́，　у неё，　у них　　　с ним，　с ней，　с ни́ми

к нему́，　к ней，　к ним　　　о нём，　о ней，　о них

3．人称代名詞 1 人称単数の **я** の斜格（主格以外の格）と前置詞が結びつく時、前置詞の形が変わることが多い。

　　<u>ко</u> мне　私の所へ，　　<u>со</u> мной　私と一緒に，　　<u>обо</u> мне　私について

　　（к → ко）　　　　　　（с → со）　　　　　　（о → обо）

4．я, ты, она́, себя́の造格は、ふつう мной, тобо́й, ей, собо́й だが、それぞれ мно́ю, тобо́ю, е́ю, собо́ю という形が用いられることもある（特に詩や民話などで）。

5．「мы с ＋造格」の表現

　　мы с ва́ми ＝ я и вы

　　мы с тобо́й ＝ я и ты

　　мы с ни́ми ＝ я и они́

　　мы с жено́й ＝ я и жена́

　　мы со студе́нтами ＝ я и студе́нты

6．**кто** は活動体に対して用いられ、**что** は不活動体に対して用いられる。**кто** の対格は活動体名詞と同じく生格に等しく、一方、**что** の対格は不活動体名詞と同じく主格に等しい。

7．**кто** は、男性単数扱い、**что** は中性単数扱いである。

　　Кто игра́ет там?（誰があそこで遊んでいるのか。）

　　Кто приходи́л?（誰がやってきたのか。）

　　Что лежи́т на столе́?（テーブルの上に何があるのか。）

　　Что случи́лось?（何が起こったのか。）

8．**себя́**は、斜格の目的語として用いられるが、必ず動作主（ふつう主語）と同じ人（稀に物）を指す。

　　Я ду́маю о себе́.（私は自分のことを考えている。）

　　※「Я ду́маю обо мне.」とは言わない。

代名詞① （人称代名詞、疑問代名詞、再帰代名詞）　　**83**

37 　代名詞②（所有代名詞、疑問所有代名詞）

（1）所有代名詞 мой（私の）

	単	数		複 数
	男性	中性	女性	3性共通
主	мой	моё	моя́	мои́
生	моего́	моего́	мое́й	мои́х
与	моему́	моему́	мое́й	мои́м
対	＝主格か生格	＝主格	мою́	＝主格か生格
造	мои́м	мои́м	мое́й	мои́ми
前	моём	моём	мое́й	мои́х

（2）所有代名詞 ваш（あなたの、あなた達の、君たちの）

	単	数		複 数
	男性	中性	女性	3性共通
主	ваш	ва́ше	ва́ша	ва́ши
生	ва́шего	ва́шего	ва́шей	ва́ших
与	ва́шему	ва́шему	ва́шей	ва́шим
対	＝主格か生格	＝主格	ва́шу	＝主格か生格
造	ва́шим	ва́шим	ва́шей	ва́шими
前	ва́шем	ва́шем	ва́шей	ва́ших

（3）疑問所有代名詞 чей（誰の）

	単	数		複 数
	男性	中性	女性	3性共通
主	чей	чьё	чья	чьи
生	чьего́	чьего́	чьей	чьих
与	чьему́	чьему́	чьей	чьим
対	＝主格か生格	＝主格	чью	＝主格か生格
造	чьим	чьим	чьей	чьи́ми
前	чьём	чьём	чьей	чьих

1．**твой**（君の）と **свой**（自分の）は、**мой** と同じように変化する。**наш**（私たちの）は、**ваш** と同じように変化する。

2．対格の語形に関しては、p.91 の 6 を参照。

3．**мой, твой, свой, наш, ваш, чей** の女性単数造格は、ふつう **моéй, твоéй, своéй, нáшей, вáшей, чьей** だが、それぞれ **моéю, твоéю, своéю, нáшею, вáшею, чьéю** という形が用いられることもある（特に、民話や詩などで）。

4．3 人称の所有代名詞 **егó**（**он** の, **онó** の）, **её**（**онá** の）, **их**（**онú** の）は、1，2 人称の所有代名詞とは異なり、性・数・格によって変化しない。

> **Егó** отéц – инженéр. 彼の父親はエンジニアである。
> 主格

> **Мой** отéц – инженéр. 私の父親はエンジニアである
> 主格

> **Егó** отцý 40 лет. 彼の父親は 40 歳である。
> 与格

> **Моемý** отцý 40 лет. 私の父親は 40 歳である。
> 与格

5．再帰所有代名詞 **свой** は、動作主（ふつう主語）と同じ人（まれに物）を指す。

> Я читáю **свою** кнúгу. 私は自分の本を読んでいる。
> （＝Я читáю **мою** кнúгу.）
> Он читáет **свою** кнúгу. 彼は自分の本を読んでいる。
> （≠ Он читáет **егó** кнúгу. 彼は彼<主語の彼とは別人>の本を読んでいる。）

6．所有代名詞の **егó, её, их** は、人称代名詞の **егó, её, их** と異なり、前置詞の直後に来る場合でも **н** を付けない。

> У **негó** есть машúна. 彼は車を持っている。
> 人称代名詞

> У **егó** брáта есть машúна. 彼の兄弟は車を持っている。
> 所有代名詞

7．**чей** は、**мой, твой, свой** と同様の変化である。ただし、単数男性主格形以外、**чей** の е が ь となる。

38 　代名詞③（指示代名詞、定代名詞）

（1）指示代名詞 **э́тот**（この、その）

	単　　　　　数			複　　数
	男性	中性	女性	3性共通
主	**э́тот**	**э́то**	**э́та**	**э́ти**
生	**э́того**	**э́того**	**э́той**	**э́тих**
与	**э́тому**	**э́тому**	**э́той**	**э́тим**
対	＝主格か生格	**э́то**	**э́ту**	＝主格か生格
造	**э́тим**	**э́тим**	**э́той**	**э́тими**
前	**э́том**	**э́том**	**э́той**	**э́тих**

（2）指示代名詞 **тот**（あの）

	単　　　　　数			複　　数
	男性	中性	女性	3性共通
主	**тот**	**то**	**та**	**те**
生	**того́**	**того́**	**той**	**тех**
与	**тому́**	**тому́**	**той**	**тем**
対	＝主格か生格	**то**	**ту**	＝主格か生格
造	**тем**	**тем**	**той**	**те́ми**
前	**том**	**том**	**той**	**тех**

（3）定代名詞 **весь**（すべての）

	単　　　　　数			複　　数
	男性	中性	女性	3性共通
主	**весь**	**всё**	**вся**	**все**
生	**всего́**	**всего́**	**всей**	**всех**
与	**всему́**	**всему́**	**всей**	**всем**
対	＝主格か生格	**всё**	**всю**	＝主格か生格
造	**всем**	**всем**	**всей**	**все́ми**
前	**всём**	**всём**	**всей**	**всех**

（4）定代名詞 сам （〜自身）

	単　　　　　数			複　　数
	男性	中性	女性	3性共通
主	сам	само́	сама́	са́ми
生	самого́	самого́	само́й	сами́х
与	самому́	самому́	само́й	сами́м
対	＝主格か生格	само́	саму́※	＝主格か生格
造	сами́м	сами́м	само́й	сами́ми
前	само́м	само́м	само́й	сами́х

※ самӧё という語形もある。

解説

1．э́тот 「この、その」の中性単数形 э́то は、«Что э́то?»，«Кто э́то?» の э́то 「これは、それは、あれは」とは、同語形だが、異なる単語である。

2．э́то 「これは、それは、あれは」は、述語動詞の語形を注意しなければならない場合がある。詳しくは、 55 の 参考 を参照。
　　Э́то был мой оте́ц.　それは私の父だった。
　　Э́то бы́ли ста́рые фи́льмы.　それは古い映画だった。

3．э́тот, тот, весь, сам の女性単数造格は、ふつう э́той, той, всей, само́й だが、э́тою, то́ю, все́ю, само́ю という形が用いられる場合がある（特に、詩や民話などで）。

4．весь の中性形 всё と複数形 все には名詞的用法がある。
　　всё （中性名詞）すべてのもの、すべてのこと
　　все （複数名詞）すべての人々

5．сам は、定代名詞 са́мый 「まさにその」（но́вый と同じく形容詞硬変化）とは異なり、動作の主体（主に人）を強調する。動作の主体となる語と同一の格となる。
　　Он <u>сам</u> винова́т. （彼自身が悪いのだ。）
　　　　主格
　　Ему́ <u>самому́</u> ну́жно де́лать э́то. （彼は自分でこのことをしなければならない。）
　　　　与格

39 　不定代名詞・副詞、否定代名詞・副詞

（1）　不定代名詞・副詞

1. **Кто́-то** постуча́л в дверь.　誰かがドアをノックした。

2. С ней случи́лось **что́-то** стра́нное.　彼女の身に何か妙なことが起こった。

3. **Како́й-то** студе́нт приходи́л.　ある学生がやってきていた。

＊　　　　＊　　　　＊

4. Позови́ **кого́-нибу̀дь**.　誰か呼んでくれ。

5. Е́сли ве́чером по ра́дио идёт **что́-нибу̀дь** интере́сное, мы э́то слу́шаем.　晩何か面白いことがラジオでやっていれば、私たちはそれを聴く。

6. Мо́жет быть, **како́й-нибу̀дь** студе́нт придёт.
   もしかしたら、何らかの学生がやってくるかもしれません。

＊　　　　＊　　　　＊

7. К нам **ко̀е-кто́** приходи́л.　私たちの所にある人がやってきていた。

8. Я хочу́ рассказа́ть тебе́ **ко̀е о чём**.　私はちょっと君に話したい。
   ※ ко̀е о чём は、一つの単語のように続けて発音する

（2）否定代名詞・副詞

9. **Никто́ не** отве́тил на мой вопро́с.　誰も私の質問に答えなかった。

10. Он **ничего́ не** зна́ет.　彼は何も知らない。

11. Он **ни** за **что́ не** согласи́тся.　彼は何に対しても賛成しない。
    ※ ни за что́ は、一つの単語のように続けて発音する

12. Я **никогда́ не** бу́ду здесь.　私は二度とここには来ないだろう。

＊　　　　＊　　　　＊

13. Ей **не́** с кем поговори́ть.　彼女には話し相手がいない。
    ※ не́ с кем は、一つの単語のように続けて発音する

14. Мне **не́чего** де́лать.　私はやるべきことがない。

15. Ему́ **не́куда** идти́.　彼には行く場所がない。

16. **Не́когда** бы́ло смотре́ть телеви́зор.　テレビを見る暇がなかった。

```
解説
```

（1）不定代名詞・副詞

	不 定 代 名 詞 ・ 副 詞		
	疑問詞＋-то	疑問詞＋-нибу́дь	ко̀е-＋疑問詞
疑問詞	存在することは確かだが、話者が明確には言えない場合に用いられる（例文 1, 2, 3） <過去時制、現在時制の平叙文で多く用いられる>	1. 話者が明確に言えないだけでなく、存在自体が不明確な場合に用いられる（例文 4, 5, 6） 2.「疑問詞＋-ли́бо」も同じ意味で用いられるが、文章語的である <疑問文、命令文、条件文や未来時制の文で多く用いられる>	1. 存在することは確かだが、話者が明確に言いたくない場合に用いられる（例文 7） 2.「若干の〜」の意味を表す場合もある 3. 前置詞と共に用いられる時は、ко̀е-と疑問詞が分離する（例文 8） <過去時制、現在時制の平叙文で多く用いられる>
кто	кто́-то 誰か（或る人）	кто́-нибу̀дь （誰でもいい）誰か	ко̀е-кто́ 或る人、若干の人
что	что́-то 何か（或るもの）	что́-нибу̀дь （何でもいい）何か	ко̀е-что́ 或るもの、若干のもの
како́й	како́й-то 何らかの（或る）	како́й-нибу̀дь （どれでもいい）何らかの	ко̀е-како́й 何らかの、幾らかの
где	гдé-то どこかで	гдé-нибу̀дь （どこでもいい）どこかで	ко̀е-гдé 或る所で、所々に
куда́	куда́-то どこかへ	куда́-нибу̀дь （どこでもいい）どこかへ	ко̀е-куда́ 或る所へ、若干の所へ
когда́	когда́-то かつて	когда́-нибу̀дь （いつでもいい）いつか	ко̀е-когда́ 時折

※ 他に、чéй-то, чéй-нибу̀дь, почему́-то, почему́-нибу̀дь などもある。

（2）否定代名詞・副詞

	否 定 代 名 詞 ・ 副 詞	
	ни＋疑問詞	нé＋疑問詞
疑問詞	1. 必ず не と呼応する 2. 前置詞とととともに用いられるときは、ни-と疑問詞が分離する（例文 11）	1. 不定形とともに用いられ、無人称文を作る。従って、主体は与格で表される 2. 前置詞とととともに用いられるときは、нé-と疑問詞が分離する（例文 13）
кто	никто́ (не) 誰も（〜でない）	нéкого ＋不定形 〜すべき人がいない
что	ничто́ (не) 何も（〜でない）	нéчего ＋不定形 〜すべき物がいない
где	нигдé (не) どこにも（〜でない）	нéгде ＋不定形 〜すべき場所がない
куда́	никуда́ (не) どこへも（〜でない）	нéкуда ＋不定形 〜すべき場所がない
когда́	никогда́ (не) 一度も（〜でない）	нéкогда ＋不定形 〜すべき時間がない

※ 他に、никако́й, ничéй, ника́к などもある。

A型（硬変化：-ый）			複 数
単 数			
男性	中性	女性	3性共通
но́вый 新しい	но́вое	но́вая	но́вые
но́вого	но́вого	но́вой	но́вых
но́вому	но́вому	но́вой	но́вым
＝主格か生格	но́вое	но́вую	＝主格か生格
но́вым	но́вым	но́вой	но́выми
но́вом	но́вом	но́вой	но́вых

主・生・与・対・造・前

B型（混合変化：к,г,х-ий）			複 数
単 数			
男性	中性	女性	3性共通
ру́сский ロシアの	ру́сское	ру́сская	ру́сские
ру́сского	ру́сского	ру́сской	ру́сских
ру́сскому	ру́сскому	ру́сской	ру́сским
＝主格か生格	ру́сское	ру́сскую	＝主格か生格
ру́сским	ру́сским	ру́сской	ру́сскими
ру́сском	ру́сском	ру́сской	ру́сских

主・生・与・対・造・前

C型（硬変化：-о́й）			複 数
単 数			
男性	中性	女性	3性共通
молодо́й 若い	молодо́е	молода́я	молоды́е
молодо́го	молодо́го	молодо́й	молоды́х
молодо́му	молодо́му	молодо́й	молоды́м
＝主格か生格	молодо́е	молоду́ю	＝主格か生格
молоды́м	молоды́м	молодо́й	молоды́ми
молодо́м	молодо́м	молодо́й	молоды́х

主・生・与・対・造・前

D型（混合変化：к,г,х,ж,ч,ш,щ-о́й）			
単　　　　　　　数			複　　　数
男性	中性	女性	3性共通

	男性	中性	女性	3性共通
主	плохо́й　悪い	плохо́е	плоха́я	плохи́е
生	плохо́го	плохо́го	плохо́й	плохи́х
与	плохо́му	плохо́му	плохо́й	плохи́м
対	＝主格か生格	плохо́е	плоху́ю	＝主格か生格
造	плохи́м	плохи́м	плохо́й	плохи́ми
前	плохо́м	плохо́м	плохо́й	плохи́х

解説

1．まず、A型の変化を確実に覚えよう。形容詞の変化型の基本である。

2．B型はA型と同様の変化をする。しかし、語幹が **к, г, х** で終わるので、正書法の規則（ 3 の(2)を参照）が当てはめられる。　　кы → ки、　гы → ги、　хы → хи

3．C型は、アクセントが語尾にある点で、A型と異なる。この場合、男性単数主格のみA型と異なる語尾を有する。ый → -о́й

4．D型は、アクセントが語尾にある点で、B型と異なる。この場合、男性単数主格のみB型と異なる語尾を有する。　ий → -о́й

5．女性単数造格形 **-ой** は、**-ою** となることがある（特に、詩や民話などで）。

6．対格形について

① 形容詞や形容詞的な品詞（所有代名詞、指示代名詞、定代名詞など）の「男性単数および複数（3性共通）の対格形」は、修飾する名詞が活動体であれば生格に等しく、一方、修飾する名詞が不活動体であれば主格に等しい。

② 中性名詞は、原則として不活動体なので、修飾する形容詞の対格形は主格に等しい。

③ 形容詞の女性単数対格形は、独自の語形を有する。

名詞の種類		「形容詞＋名詞」の結合の対格形	備考
単数	男性　活動体	но́вого учи́теля　新米の先生	対格＝**生格**
	男性　不活動体	но́вый магази́н　新しい店	対格＝主格
	中性　不活動体	но́вое сло́во　新出単語	対格＝主格
	女性　活動体	но́вую учи́тельницу　新米の先生	対格は
	女性　不活動体	но́вую маши́ну　新車	**独自の語形**
複数	3性共通　活動体	но́вых учителе́й (учи́тельниц)	対格＝**生格**
	3性共通　不活動体	но́вые магази́ны (слова́, маши́ны)	対格＝主格

41	形容詞の軟変化、混合変化②、物主形容詞

E 型（軟変化：**-ий**）			
	単	数	複　数
男性	中性	女性	3 性共通
主 си́**ний** 青い	си́**нее**	си́**няя**	си́**ние**
生 си́**него**	си́**него**	си́**ней**	си́**них**
与 си́**нему**	си́**нему**	си́**ней**	си́**ним**
対 ＝主格か生格	си́**нее**	си́**нюю**	＝主格か生格
造 си́**ним**	си́**ним**	си́**ней**	си́**ними**
前 си́**нем**	си́**нем**	си́**ней**	си́**них**

F型（混合変化：**ж,ч,ш,щ-ий**）			
	単	数	複　数
男性	中性	女性	3 性共通
主 хоро́**ший** 良い	хоро́**шее**	хоро́**шая**	хоро́**шие**
生 хоро́**шего**	хоро́**шего**	хоро́**шей**	хоро́**ших**
与 хоро́**шему**	хоро́**шему**	хоро́**шей**	хоро́**шим**
対 ＝主格か生格	хоро́**шее**	хоро́**шую**	＝主格か生格
造 хоро́**шим**	хоро́**шим**	хоро́**шей**	хоро́**шими**
前 хоро́**шем**	хоро́**шем**	хоро́**шей**	хоро́**ших**

解説

1．軟変化の形容詞は常に語幹にアクセントがある。

2．E 型が軟変化の基本である。しかし、E 型に属する形容詞は少数である。 40 にあっ
たA型（硬変化）の語尾とは、語尾の先頭の文字が次表のように対応している。

硬変化	а	ы	у	о
軟変化	я	и	ю	е

3．F 型は、語幹の最後の文字が **ж,ч,ш,щ** なので、正書法の規則が当てはめられる。

　　жя → жа，　чя → ча，　шя → ша，　щя → ща

　　жю → жу，　чю → чу，　шю → шу，　щю → щу

4．F 型に属する形容詞は少数だが、能動形動詞現在（p.137 の(3)の 1 を参照）が同様の
変化をする。

5．F 型と同じ語幹末の文字（**ж,ч,ш,щ**）を有するが、アクセントが語尾に終わる形容詞
が極少数ある（большо́й, чужо́й 等）。変化は、 40 にあった混合変化のD型と同様
である。

6. рýсский, стрóгий, тúхий 等のように、語末が-кий,-гий,-хий で終わる形容詞は、40 にあった混合変化の B 型と同様である。

7. 女性単数造格形 -ей が -ею となることがある（特に、詩や民話などで）。

参考1　**物主形容詞**（現代語では稀用）

	A型（**-ий**）：「人、動物」を表す男性名詞から作られる			
	単　　　　　　数			複　数
	男性	中性	女性	3性共通
主	вóлчий 狼の	вóлчье	вóлчья	вóлчьи
生	вóлчьего	вóлчьего	вóлчьей	вóлчьих
与	вóлчьему	вóлчьему	вóлчьей	вóлчьим
対	＝主格か生格	вóлчье	вóлчью	＝主格か生格
造	вóлчьим	вóлчьим	вóлчьей	вóлчьими
前	вóлчьем	вóлчьем	вóлчьей	вóлчьих

	B型（**-ин/-ын**）：主に**-а, -я** で終わる「人」を表す女性名詞から作られる			
	単　　　　　　数			複　数
	男性	中性	女性	3性共通
主	мáмин ママの	мáмино	мáмина	мáмины
生	мáмина (мáминого)	мáмина	мáминой	мáминых
与	мáмину (мáминому)	мáмину	мáминой	мáминым
対	＝主格か生格	мáмино	мáмину	＝主格か生格
造	мáминым	мáминым	мáминой	мáмиными
前	мáмином	мáмином	мáминой	мáминых

※（　　）内の語形もしばしば用いられる。

※ 語幹末が ц の場合、-ын となる。　племя́нницын　姪(племя́нница)の

※ 男性名詞から作られる-ев/-ов で終わる物主形容詞がある。変化は-ин/-ын と同様。
　　адáмов アダム(Адáм)の　　адáмово я́блоко のどぼとけ（←アダムのリンゴ）
　　ю́рьев ユーリィ(Ю́рий)の　　Ю́рьев день ユーリィの日（聖ゲオルギィの祭日）

参考2　**трéтий**「3番目の」の変化；A型の物主形容詞と同一変化

	単　　　　　　　　数			複　数
	男性	中性	女性	3性共通
主	трéтий	трéтье	трéтья	трéтьи
生	трéтьего	трéтьего	трéтьей	трéтьих
与	трéтьему	трéтьему	трéтьей	трéтьим
対	＝主格か生格	трéтье	трéтью	＝主格か生格
造	трéтьим	трéтьим	трéтьей (трéтьею)	трéтьими
前	трéтьем	трéтьем	трéтьей	трéтьих

42　形容詞の用法（長語尾形と短語尾形）

（1）　長語尾形と短語尾形

語尾	用法	例　文	備考
長語尾	限定的	Э́то краси́**вый** парк. それは美しい公園です。 Э́то краси́**вое** ме́сто. それは美しい場所です。 Э́то краси́**вая** ко́мната. それは美しい部屋です。 Э́то краси́**вые** пло́щади. それらは美しい広場です。	修飾する名詞の性・数・格によって変化する。
長語尾	述語的	Э́тот парк краси́**вый**. この公園は美しい。 Э́то ме́сто краси́**вое**. この場所は美しい。 Э́та ко́мната краси́**вая**. この部屋は美しい。 Э́ти пло́щади краси́**вые**. これらの広場は美しい。	主語の性・数によって変化する。 <恒常的性質>
短語尾	述語的	Сего́дня э́тот парк краси́в. 今日、この公園は美しい。 Сего́дня э́то ме́сто краси́во. 今日、この場所は美しい。 Сего́дня э́та ко́мната краси́ва. 今日、この部屋は美しい。 Сего́дня э́ти пло́щади краси́вы. 今日、これらの広場は美しい。	主語の性・数によって変化する。 <一時的性質>

（2）　述語としてもっぱら短語尾形が用いられる形容詞

長語尾形		здоро́**вый** 健康な	больно́**й** 病気の	за́нят**ый** 忙しい	свобо́дн**ый** 暇な	любе́зн**ый** 親切な
短語尾形	男性	здоро́в	бо́лен	за́нят	свобо́ден	любе́зен
	中性	здоро́во	больно́	за́нято	свобо́дно	любе́зно
	女性	здоро́ва	больна́	занята́	свобо́дна	любе́зна
	複数	здоро́вы	больны́	за́няты	свобо́дны	любе́зны

長語尾形		ра́вн**ый** 等しい	дово́льн**ый** 満足している	живо́**й** 生きている	<長語尾なし> 〜しなければならない 〜するにちがいない	<長語尾なし> 嬉しい
短語尾形	男性	ра́вен	дово́лен	жив	до́лжен	рад
	中性	равно́	дово́льно	жи́во	должно́	ра́до
	女性	равна́	дово́льна	жива́	должна́	ра́да
	複数	равны́	дово́льны	жи́вы	должны́	ра́ды

解説

（1）形容詞の長語尾述語と短語尾述語

　一般的に、長語尾の述語的用法は「恒常的性質」、短語尾の述語的用法は「一時的性質」を表す。しかし、使い分けはかなり難しいので、ほとんどの場合は、長語尾形を使っておいた方が良いだろう。しかし、述語として長語尾を使わず、短語尾をもっぱら使う形容詞が少数ある（左表および下欄参照）。これらの形容詞短語尾形のほとんどは非常に頻繁に用いられるので、きっちり覚えよう。

> готóвый 準備ができている (готóв, готóво, готóва, готóвы)
> нýжный 必要な (нýжен, нýжно, нужнá, нужны́)
> откры́тый 開いている (откры́т, откры́то, откры́та, откры́ты)
> закры́тый 閉まっている (закры́т, закры́то, закры́та, закры́ты)
> я́сный 明瞭である (я́сен, я́сно, яснá, я́сны)
> прáвый 正しい (прав, прáво, правá, прáвы)
> соглáсный 賛成である (соглáсен, соглáсно, соглáсна, соглáсны)

（2）短語尾形の変化

1．形容詞短語尾形は左表のように性と数によってのみ変化する。格変化はしない。
2．長語尾形の語尾を取り去った形が短語尾男性形になるが、語末に子音が重なった場合は、е（稀に o, ё）を子音間に入れる。

> бóлен, свобóден, нýжен, рáвен, довóлен, дóлжен, пóлон

3．女性形のみアクセントが語尾に移動するものがある。

> занятá, правá, живá

4．男性形と他の語形でアクセントの位置が異なるものがある。

> бóлен, больнó, больнá, больны́
> рáвен, равнó, равнá, равны́
> дóлжен, должнó, должнá, должны́

5．形容詞短語尾複数形のアクセントの位置には、少なからず揺れがある。

> нужны́ / нýжны 必要な，　я́сны / ясны́

6．短語尾形だけで、長語尾形をもたないものがある。

> дóлжен, рад

7．短語尾形とは言えないが、какóв (каковó, каковá, каковы́)「どのような」、такóв (таковó, таковá, таковы́)「このような」という述語が какóй, такóй の代わりに用いられることがある。

（3）形容詞の名詞化；変化は形容詞長語尾形と同じ

столóвая (女) 食堂，　прóшлое (中) 過去，　дáнные (複) データ
рýсский (男) ロシア人男性，　рýсская (女) ロシア人女性，　рýсские (複) ロシア人

43 形容詞短語尾中性形（副詞、無人称述語）

1. Он слу́шает ле́кцию **внима́тельно**.
   彼は注意深く講義を聴く。＜副詞＞

2. Она́ говори́т о́чень **бы́стро**.　彼女はとても速くしゃべる。＜副詞＞

3. Здесь вре́мя идёт **ме́дленно**.　ここでは、時はゆっくりと流れる。＜副詞＞

　　　　＊　　　　　　　　＊　　　　　　　　＊

4. Сего́дня **хо́лодно**.　今日は寒い。＜無人称述語＞

5. В ко́мнате **тепло́**.　部屋の中は暖かい。＜無人称述語＞

　　　　＊　　　　　　　　＊　　　　　　　　＊

6. **Интере́сно** чита́ть кни́ги.　読書は面白い。＜無人称述語＞

7. **Мне тру́дно** понима́ть э́тот те́кст.
   私にとって、このテキストを理解するのは難しい。＜無人称述語＞

　　　　＊　　　　　　　　＊　　　　　　　　＊

8. Сего́дня **нам ну́жно** сиде́ть до́ма.
   今日、我々は家でじっとしていなければならない。＜無人称述語＞

9. Студе́нт**ам на́до** занима́ться бо́льше.
   学生達はもっと勉強しなければならない。＜無人称述語＞

10. Здесь **мо́жно** кури́ть?　ここでタバコを吸ってもいいですか。＜無人称述語＞

11. Здесь **нельзя́** кури́ть.
    ここではタバコを吸ってはいけない。＜無人称述語＞

　　　　＊　　　　　　　　＊　　　　　　　　＊

12. О́чень **хорошо́**.　とても素晴らしい　＜無人称述語＞

13. Он **хорошо́** говори́т по-япо́нски.　彼は上手に日本語を喋る。＜副詞＞

14. Уже́ **по́здно**.　もう遅い　＜無人称述語＞

15. Она́ всегда́ встаёт **по́здно**.　彼女はいつも遅く起きる。　＜副詞＞

解説

（1）副詞として用いられる短語尾中性形

1．ほとんどの形容詞の短語尾中性形は、副詞としても用いられる。（例文 1~3）

2．述語として短語尾形がほとんど用いられないような形容詞でも、「短語尾中性形＝副詞」は用いられる。したがって、このような形容詞の場合、短語尾中性形だけ覚えておけば十分である。

長語尾形		внима́тельный 注意深い	бы́стрый 速い	ме́дленный ゆっくりとした	далёкий 遠い	до́лгий 永い
短語尾形	男性	внима́телен	быстр	ме́дленен	далёк	до́лог
	中性	**внима́тельно**	**бы́стро**	**ме́дленно**	**далеко́**	**до́лго**
	女性	внима́тельна	быстра́	ме́дленна	далека́	долга́
	複数	внима́тельны	бы́стры	ме́дленны	далеки́	до́лги

（2）無人称述語（無人称文中の述語）として用いられる短語尾中性形

1．無人称述語の意味上の主語は、与格で表される。（例文 7, 8, 9）

2．無人称述語として用いられる形容詞

①短語尾中性形がもっぱら無人称述語として用いられる形容詞。（例文 4~8, 10）

長語尾形		холо́дный 寒い	жа́ркий 暑い	прохла́дный 涼しい	тёплый 暖かい	прия́тный 心地よい
短語尾形	男性	хо́лоден	жа́рок	прохла́ден	тёпел	прия́тен
	中性	**хо́лодно**	**жа́рко**	**прохла́дно**	**тепло́**	**прия́тно**
	女性	холодна́	жарка́	прохла́дна	тепла́	прия́тна
	複数	хо́лодны	жа́рки	прохла́дны	теплы́	прия́тны

長語尾形		интере́сный 興味深い	тру́дный 困難な	поня́тный 理解できている	ну́жный ~しなければならない	長語尾なし ~できる、~してよい
短語尾形	男性	интере́сен	тру́ден	поня́тен	ну́жен	
	中性	**интере́сно**	**тру́дно**	**поня́тно**	**ну́жно**	**мо́жно**
	女性	интере́сна	трудна́	поня́тна	нужна́	
	複数	интере́сны	тру́дны	поня́тны	нужны́	

※ нельзя́, на́до は、形容詞短語尾中性形ではないが、ну́жно, мо́жно と同様に、無人称述語として用いられる。（例文 9, 11）

②副詞としても無人称述語としてもよく用いられる短語尾中性形（例文 12~15）

長語尾形		хоро́ший 良い	плохо́й 悪い	по́здний 遅い	ра́нний 早い	прекра́сный 素晴らしい
短語尾形	男性	хоро́ш	плох			прекра́сен
	中性	**хорошо́**	**пло́хо**	**по́здно**	**ра́но**	**прекра́сно**
	女性	хороша́	плоха́			прекра́сна
	複数	хороши́	пло́хи			прекра́сны

44　副詞

副詞の種類

作り方			副詞
他の品詞からの派生	形容詞	短語尾中性形から	хорошо́ 上手に (← хоро́ший) бы́стро 速く (← бы́стрый) пло́хо 下手に (← плохо́й) ме́дленно ゆっくりと (← ме́дленный)
		接尾辞 -и	接頭辞 по-なし	истори́чески 歴史的に (← истори́ческий) практи́чески 実際的に (← практи́ческий)
			接頭辞 по-あり	по-ру́сски ロシア語で、ロシア風に (← ру́сский) по-япо́нски 日本語で、日本風に (← япо́нский)
	代名詞	по-＋与格	по-мо́ему 私の考えでは (← мой) по-сво́ему 自分流に (← свой)
	名詞	生格	сего́дня 今日 (← сей день)
		造格	у́тром 午前に (← у́тро) днём 午後に (← день) но́чью 夜に (← ночь) весно́й 春に (← весна́) ле́том 夏に (← ле́то) о́сенью 秋に (← о́сень) круго́м まわりに (← круг)
		前置詞＋名詞	снача́ла はじめに (← с+нача́ла) спра́ва 右に (← с+пра́ва) сле́ва 左に (← с+ле́ва) напра́во 右へ (← на+пра́во) нале́во 左へ (← на+ле́во) вверх 上へ (← в+верх) вниз 下へ (← в+низ)
	動詞	不完了体副動詞から	мо́лча 黙って (← молча́ть) сто́я たったまま (← стоя́ть)
本源的な副詞		疑問副詞	где どこで, куда́ どこへ, когда́ いつ, как どのように
		指示副詞	здесь ここで, там あそこで, сюда́ ここへ, туда́ あそこへ, тогда́ その時 , так そのように

```
解説
```

（1）副詞の種類

1．左表のように、副詞には、他の品詞から派生してできたものと本源的なものがある。

2．形容詞派生副詞には、形容詞と同じく、比較級、最上級を有するものがある。（ 45 、
46 を参照)

3．下記の例文のように、副詞は、様態、程度、時、場所、目的、原因・理由などを表す。

Она **бы́стро** говори́т.　彼女は速く喋る。＜様態＞

Он **мно́го** рабо́тает.　彼はよく働く。＜程度＞

Вчера́ я игра́л (игра́ла) в те́ннис.　昨日私はテニスをしました。＜時＞

Я сиде́л (сиде́ла) **до́ма**.　私は家にじっとしていました。＜場所＞

（2）副詞句の種類

　副詞と同じく、様態、程度、時、場所、目的、原因・理由などの意味を持つ句のことを副詞句という。

意味	副詞句
様態	гро́мким го́лосом　大きな声で как стрела́ (= стрело́й)　矢のように таки́м о́бразом　このようにして с трудо́м　やっとの事で
程度	по кра́йней ме́ре　少なくとも в значи́тельной сте́пени　著しく
時	в сле́дующем году́　来年に в 2011 (две ты́сячи оди́ннадцатом) году́　2011 年に в ма́рте 2011 (две ты́сячи оди́ннадцатого) го́да　2011 年 5 月に четвёртого января́ 1986 (ты́сяча девятьсо́т во́семьдесят шесто́го) го́да　1986 年 1 月 4 日に
場所	в Москву́　モスクワへ в Москве́　モスクワで за грани́цу　外国へ за грани́цей　外国で из-за грани́цы　外国から
目的	для о́тдыха　休息のために на́ зиму　冬のために（冬に備えて）
原因、理由	из-за дождя́　雨のせいで благодаря́ хоро́шей пого́де　好天のおかげで со ску́ки　退屈なので

45　比較①（比較級の種類）

＜形容詞の比較級＞

1. Э́то **бо́лее интере́сный** фильм.　これはもっと面白い映画だ。

2. Э́тот фильм **бо́лее интере́сен**.　この映画はもっと面白い。

3. Э́тот фильм **интере́снее**.　この映画はもっと面白い。

4. Э́тот фильм **бо́лее интере́сный**.　この映画はもっと面白い。

＜副詞の比較級＞

5. На́до води́ть маши́ну **бо́лее внима́тельно**.
　もっと注意深く車を運転しなければならない。

6. Иди́ **быстре́е**.　もっと速く歩きなさい。

7. Он говори́т по-ру́сски **лу́чше**.　彼はロシア語をもっと上手に話せる。

解説

（1）比較級の種類

	比較級の種類	用法	備考
規則型	бо́лее＋原級（長語尾）	限定的（例文1）	・бо́лее は不変化 ・短語尾中性形は、副詞としても用いられる（例文5） ・文章語的
		述語的（例文4） ＜稀用＞	
	бо́лее＋原級（短語尾）	述語的（例文2）	
	-ее 型	述語的（例文3） 限定的（稀用）	・性数格の変化がない ・短語尾女性形のアクセントに一致 ・会話体や詩などでは、-ей となることもある ・副詞としても用いられる（例文6）
特殊型	-ший 型（次頁参照）	限定的	・数は少ないが、使用頻度が高い ・最上級の意味を持つものが多い
	-е 型（次頁参照）	述語的 限定的（稀用）	・性数格の変化がない ・数は少ないが、使用頻度が高い ・副詞としても用いられる（例文7）

（2）特殊型の比較級

-ший 型

原　　級	比　較　級（最上級）	備考
большо́й, вели́кий 大きい	бо́льший より大きい	
ма́ленький, ма́лый 小さい	ме́ньший より小さい	
ста́рый 年とった	ста́рший 年上の	
молодо́й 若い	мла́дший 年下の	
хоро́ший 良い	лу́чший 最良の、より良い	最上級としても用いられる
плохо́й 悪い	ху́дший 最悪の、より悪い	
высо́кий 高い	вы́сший 最高の、高等の	ふつう、最上級として用いられる
ни́зкий 低い	ни́зший 最低の、下等の	

-e 型　（副詞としても用いられる）

原　　級	比　較　級	子音の交替など
дорого́й 高価な、大切な	доро́же	г → ж
дешёвый 安価な	деше́вле	в → вл
молодо́й 若い	моло́же (/мла́дше)	д → ж
ста́рый 年とった、古い	ста́рше (/старе́е)	ста́рший から
бли́зкий 近い	бли́же	зк → ж
далёкий 遠い	да́льше	к → ш
лёгкий 容易な	ле́гче	к → ч
коро́ткий 短い	коро́че	тк → ч
ти́хий 静かな	ти́ше	х → ш
высо́кий 高い	вы́ше	
ни́зкий 低い	ни́же	зк → ж
ра́нний 早い	ра́ньше	нн → ньш
по́здний 遅い	по́зже	д → ж
большо́й 大きな мно́го 多くの	бо́льше より大きな、より多くの бо́лее より多くの	бо́льший から
ма́ленький, ма́лый 小さい ма́ло わずかの、ほとんど〜ない	ме́ньше より小さな、より少ない ме́нее より少ない	ме́ньший から
хоро́ший 良い	лу́чше	лу́чший から
плохо́й 悪い	ху́же	ху́дший から
ча́стый 度々の	ча́ще	ст → щ
ре́дкий 稀な	ре́же	дк → ж
глубо́кий 深い	глу́бже	к → ж
ме́лкий 浅い	ме́льче	к → ч
широ́кий 幅広い	ши́ре	

46 　比較②（比較構文、最上級）

1. У него́ есть **бо́лее интере́сная** кни́га, **чем** у меня́.
   彼は私が持っているのよりも面白い本を持っている。

2. Он **ста́рше, чем** я.　彼は私よりも年上だ。

3. Он **ста́рше меня́**.　彼は私よりも年上だ。

4. Он ста́рше меня́ **на** два го́да.　彼は私よりも2歳年上です。

5. Он **гора́здо**※ **мо́ложе меня́**.　彼は私よりもずっと年下です。
   ※**гора́здо** は比較級を強調する単語「ずっと」，「はるかに」

　　　　　　　*　　　　　　　　　　*　　　　　　　　　　*

6. Во́лга — **са́мая дли́нная** река́ в Евро́пе.
   ヴォルガ川はヨーロッパで最も長い川である。

7. Э́то **наибо́лее лёгкий** спо́соб.　これは最も容易な方法である。

8. **Ближа́йший** кни́жный магази́н нахо́дится у вокза́ла.
   最も近い本屋さんは駅の近くにある。

9. Байка́л — **са́мое глубо́кое** о́зеро в ми́ре.
   Байка́л — **наибо́лее глубо́кое** о́зеро в ми́ре.
   Байка́л — **глубоча́йшее о́зеро** в ми́ре.
   バイカル湖は世界で一番深い湖である。

　　　　　　　*　　　　　　　　　　*　　　　　　　　　　*

10. Он у́чится **лу́чше всех**.　　<всех は、все（全ての人々）の生格>
    彼は全ての人より成績がよい（＝彼は最も成績がよい）。

11. Вре́мя **доро́же всего́**.　　<всего́は、всё（すべてのもの）の生格>
    時は全てのものよりも大事である（＝時は最も大事である）。

12. Дни стано́вятся **всё коро́че (и коро́че)**.
    日はますます短くなってきている。

13. **Чем ра́ньше, тем лу́чше**.　　早ければ早いほど良い。

14. Анто́н — **оди́н из са́мых спосо́бных** студе́нтов.
    アントンは最も有能な学生の一人である。

15. На́до обнови́ть систе́му **как мо́жно скоре́е**.
    できるだけ早くシステムを更新しなければならない。

解説

（1）比較の対象の表し方（例文 1, 2, 3, 4, 5）

> 比較級, чем＋比較の対象　（～よりも...）

比較の対象が主格（まれに対格）の場合（例文 2）、例文 3 のように、чем を使わず生格だけで「～よりも」の意味を表すことができる。しかし、これは、ста́рше, моло́же のような短語尾比較級（-e 型、-ee 型）の場合に限られる。

※「на＋対格」で比較の差を表すことができる（例文 4）。

（2）最上級の種類（例文 6,7,8,9）

最上級の種類	用法	備考
са́мый＋原級（長語尾）	限定的（例文 6, 9） 述語的	・最も広く用いられる
наибо́лее＋原級（長語尾）	限定的（例文 7, 9）	・наибо́лее は不変化 ・文章語的
наибо́лее＋原級（短語尾）	述語的	・短語尾中性形は、副詞としても用いられる
-ейший 型、-а́йший 型 <下記の（3）の表参照>	限定的（例文 8, 9）	・やや文章語的

（3）-ейший 型, -а́йший 型の最上級の作り方

原級	最上級	子音交替	備考
краси́вый 美しい	краси́вейший	なし	アクセントは、短語尾女性形のそれに一致する
но́вый 新しい	нове́йший	なし	
до́брый 善良な	добре́йший	なし	
бли́зкий 近い	ближа́йший	зк→ж	アクセントは常に-а́йший
глубо́кий 深い	глубоча́йший	к→ч	

（4）比較級、最上級を用いた慣用表現

1. 比較級＋всех「誰よりも～」（例文 10）
   比較級＋всего́「何よりも～」（例文 11）
   ※「比較級＋всех」が「誰よりも～」の意味にならないことがある。
   　Э́тот теа́тр бо́льше всех (теа́тров) в Москве́. この劇場はモスクワで一番大きい。

2. всё＋比較級（и 比較級）「ますます～」（例文 12）

3. чем＋比較級, тем＋比較級　「～すればするほど、ますます...」（例文 13）

4. оди́н из＋「形容詞最上級＋複数名詞」（複数生格）「最も～な...の一つ」（例文 14）

5. как мо́жно＋比較級　「できるだけ～」（例文 15）

47　関係詞

1. Он рабо́тает в университе́те, **кото́рый** нахо́дится в це́нтре го́рода.　彼は、都心にある大学で働いている。 <**кото́рый** は男性・単数・主格>

2. Как зову́т де́вочку, **кото́рая** живёт в кварти́ре № 5?
5 号室に住んでいる女の子の名前は何と言いますか。 <**кото́рый** は女性・単数・主格>

3. Он ча́сто пи́шет пи́сьма друзья́м, **кото́рые** у́чатся в Росси́и.
彼はロシアで学んでいる友人達によく手紙を書く。 <**кото́рый** は男性・複数・主格>

4. Мой брат, **кото́рого** сейча́с нет до́ма, ско́ро придёт.
私の兄弟は、今家にいないが、すぐに帰ってくるだろう。 <**кото́рый** は男性・単数・生格>

5. Я зна́ю студе́нтов, **кото́рым** на́до занима́ться бо́льше.
私はもっと勉強しなければならない学生達を知っている。 <**кото́рый** は男性・複数・与格>

6. Мне нра́вится **та** кни́га, **кото́рую** он мне подари́л.
私は彼がプレゼントしてくれた本が好きだ。 <**кото́рый** は女性・単数・対格>

7. Вчера́ я получи́л (/получи́ла) письмо́ от **той** францу́зской студе́нтки, с **кото́рой** я познако́мился (/познако́милась) в Москве́. 昨日、私はモスクワで知り合ったフランス人女子学生から手紙をもらった。
<**кото́рый** は女性・単数・造格>

8. Дом, в **кото́ром** он живёт, нахо́дится на у́лице Пу́шкина.
彼が住んでいるアパートはプーシキン通りにある。 <**кото́рый** は男性・単数・前置格>

*　　　　　　　　　*　　　　　　　　　*

9. **Те, кто** прие́хал из Япо́нии, хорошо́ у́чатся.
日本から来ている人達は成績が良い。 <関係詞 **кто** は主格>

10. Это **то, что** мне на́до.　これは私が必要とするものだ。 <関係詞 **что** は対格>
※ на́до＋対格「～が必要だ」の意。

参考　挟緯詞の **что** ; Я зна́ю, **что** ему́ на́до Ва́шу по́мощь.
私は、彼があなたの援助を必要としているということを知っている。
疑問詞の **что** ; Я не зна́ю, **что** Вам на́до.　私は、あなたが何を必要としているのかわからない。
---

*　　　　　　　　　*　　　　　　　　　*

11. Это дере́вня, **где** живу́т худо́жники.　これは画家達が住んでいる村だ。
＝ Это дере́вня, **в кото́рой** живу́т худо́жники.

12. Я ча́сто вспомина́ю тот день, **когда́** мы познако́мились.
＝ Я ча́сто вспомина́ю тот день, **в кото́рый** мы познако́мились.
私は私たちが知り合いになった日をよく思い出す。

解説

（1）関係代名詞 кото́рый （例文 1~8）

1．あらゆる名詞（活動体名詞、不活動体名詞）を先行詞として用いることができる。
2．下記の表のように、性・数・格の変化をする（形容詞 но́вый と同じ変化）。
3．関係詞の節の前には、必ずコンマが置かれる。
4．先行詞であることを明確にするために、指示代名詞 тот が先行詞の前に置かれることがある。その場合、тот には「あの」という意味は含まれない。 （例文 6, 7, 12）
5．関係代名詞の性と数は、先行詞の性と数に一致する。関係詞の格は、従属節（関係詞節）中で関係詞が果たす役割によって決まる。

	単　　　　　　　　数			複　　数
	男　性	中　性	女　性	3 性共通
主	кото́рый	кото́рое	кото́рая	кото́рые
生	кото́рого	кото́рого	кото́рой	кото́рых
与	кото́рому	кото́рому	кото́рой	кото́рым
対	＝主格か生格	кото́рое	кото́рую	＝主格か生格
造	кото́рым	кото́рым	кото́рой	кото́рыми
前	кото́ром	кото́ром	кото́рой	кото́рых

（2）関係代名詞 что と кто （例文 9, 10）

1．что は不活動体名詞を先行詞とし、кто は活動体名詞を先行詞にする。しかし、先行詞となるのは、ほとんどの場合、以下のような代名詞であり、慣用句のように用いられる。

тот, кто... （...する人）、 те, кто... （...する人々）、 все, кто... （...する全ての人々）
то, что... （...するもの）、 всё, что... （...する全てのもの）

2．性と数による変化はなく、格変化のみ行われる（従属節中で関係詞が果たす役割によって格が決まる）。
3．他に、како́й, чей, ско́лько, како́в 等の関係代名詞があるが、稀用である。

（3）関係副詞 где と когда́ （例文 11, 12）

1．英語の関係副詞 where, when の用法と似ている。где は場所を表す名詞を先行詞にし、когда́ は時を表す名詞を先行詞にする。関係副詞は、多くの場合「前置詞＋関係代名詞」で置き換えることができる。
2．副詞の там や тогда́ を先行詞にすることがある。там, где ... （～する場所で）、тогда́, когда́ ... （～する時に）。
Он хо́чет жить там, где нас нет. （彼は、私たちがいないところで生活したがっている。）
3．関係副詞としては、他に、куда́ と отку́да があるが、稀用である。

48　数詞①（個数詞と順序数詞）

	個数詞	順序数詞	備考
0	ноль (нуль)	нулево́й	
1	оди́н（男）, одно́（中） одна́（女）, одни́（複）	пе́рвый	個数詞 оди́н には性数の変化があることに注意
2	два（男・中） две（女）	второ́й	個数詞 два には性の変化があることに注意
3	три	тре́тий	順序数詞 тре́тий は、特殊変化（p.93 参考2 参照）
4	четы́ре	четвёртый	
5	пять	пя́тый	
6	шесть	шесто́й	
7	семь	седьмо́й	
8	во́семь	восьмо́й	
9	де́вять	девя́тый	
10	де́сять	деся́тый	
11	оди́ннадцать	оди́ннадцатый	-надцать は [nattsat'] と発音される
12	двена́дцать	двена́дцатый	
13	трина́дцать	трина́дцатый	
14	четы́рнадцать	четы́рнадцатый	
15	пятна́дцать	пятна́дцатый	
16	шестна́дцать	шестна́дцатый	шест- の т は発音されない
17	семна́дцать	семна́дцатый	
18	восемна́дцать	восемна́дцатый	
19	девятна́дцать	девятна́дцатый	
20	два́дцать	двадца́тый	21 は、два́дцать оди́н（два́дцать пе́рвый）
30	три́дцать	тридца́тый	
40	со́рок	сороково́й	
50	пятьдеся́т	пятидеся́тый	
60	шестьдеся́т	шестидеся́тый	
70	се́мьдесят	семидеся́тый	
80	во́семьдесят	восьмидеся́тый	
90	девяно́сто	девяно́стый	
100	сто	со́тый	101 は、сто оди́н（сто пе́рвый）
200	две́сти	двухсо́тый	

300	три́ста	трёхсо́тый	
400	четы́реста	четырёхсо́тый	
500	пятьсо́т	пятисо́тый	
600	шестьсо́т	шестисо́тый	
700	семьсо́т	семисо́тый	
800	восемьсо́т	восьмисо́тый	
900	девятьсо́т	девятисо́тый	
1000	ты́сяча	ты́сячный	1001 は、ты́сяча оди́н (ты́сяча пе́рвый)
2000	две ты́сячи	двухты́сячный	
1 万	де́сять ты́сяч	десятиты́сячный	
10 万	сто ты́сяч	стоты́сячный	
100 万	миллио́н	миллио́нный	
200 万	два миллио́на	двухмиллио́нный	
1 億	сто миллио́нов	стомиллио́нный	
10 億	миллиа́рд	миллиа́рдный	биллио́н (биллио́нный) とも言う

解説

（1）個数詞

1．11 から 19 までは -надцать（「プラス 10」の意味）を共通に持つ。

2．20, 30 は -дцать（「10」の意味）を、50, 60, 70, 80 は -десят（「10」の意味）を持つ。

3．1 には、性数による 4 つの変化形がある。
　　оди́н（男）, одно́（中）, одна́（女）, одни́（複）
　　※ 複数形 одни́ は、「複数形のみの名詞」と結合する。одни́ часы́（1 個の時計）

4．2 には、性による 2 つの変化形がある。два（男、中）, две（女）

5．21~29 は合成個数詞を用いる（以下 31~39、41~49 なども同様に合成数詞を用いる）
　　21　два́дцать оди́н (одно́, одна́, одни́)
　　22　два́дцать два (две)
　　23　два́дцать три

（2）順序数詞

1．変化は形容詞と同じ。だが、тре́тий だけは物主形容詞と同様の変化である（p. 93 の 参考2 を参照）。

2．合成順序数詞は末位だけが順序数詞で、他の位は個数詞を用いる。性・数・格の変化に際しては、末位だけが変化する点に注意。
　　два́дцать пе́рвая глава́　　第 21 章
　　в ты́сяча девятьсо́т со́рок второ́м году́　　1942 年に

数詞②（数詞と名詞の結合、個数詞の変化）

1. Э́то аудито́рия № 125 (сто два́дцать пять). これは 125 番教室です。

2. Тепе́рь уже́ 21 (два́дцать **пе́рвый**) век. 今はもう 21 世紀です。

3. Ско́ро бу́дет 2014 (две ты́сячи **четы́рнадцатый**) год. もうすぐ 2014 年です。

4. Она́ родила́сь в 1995 (ты́сяча девятьсо́т девяно́сто **пя́том**) году́.
   彼女は 1995 年に生まれました。

5. Сейча́с 10 (**де́сять**) часо́в 42 (со́рок **две**) мину́ты. 今 10 時 42 分です。

6. В аудито́рии занима́ются 125 (сто два́дцать **пять**) студе́нт**ов**.
   教室では 125 人の学生が勉強しています。

7. Ско́ро мне бу́дет 19 (**девятна́дцать**) **лет**. もうすぐ私は 19 歳になります。

8. Сейча́с **два часа́**. 今 2 時です。
   Сейча́с о́коло **двух часо́в**. 今 2 時頃です。
   Он вернётся домо́й к **двум часа́м**. 彼は 2 時までに家に帰ってきます。

参考　個数詞の格変化

	1				2		3
	男性	中性	女性	複数 (3性共通)	男性・中性	女性	3性共通
主	оди́н	одно́	одна́	одни́	два	две	три
生	одного́	одного́	одно́й	одни́х	двух	двух	трёх
与	одному́	одному́	одно́й	одни́м	двум	двум	трём
対	＝主か生	одно́	одну́	＝主か生	＝主か生	＝主か生	＝主か生
造	одни́м	одни́м	одно́й	одни́ми	двумя́	двумя́	тремя́
前	одно́м	одно́м	одно́й	одни́х	двух	двух	трёх

	4	5	11	40	50	100
主	четы́ре	пять	оди́ннадцать	со́рок	пятьдеся́т	сто
生	четырёх	пяти́	оди́ннадцати	сорока́	пяти́десяти	ста
与	четырём	пяти́	оди́ннадцати	сорока́	пяти́десяти	ста
対	＝主か生	пять	оди́ннадцать	со́рок	пятьдеся́т	сто
造	четырьмя́	пятью́	оди́ннадцатью	сорока́	пятью́десятью	ста
前	четырёх	пяти́	оди́ннадцати	сорока́	пяти́десяти	ста

※ оди́н の女性単数造格 одно́й は、одно́ю となることもある（特に、詩や民話などで）。
※ 5 以上の個数詞の対格は、後に続く名詞が活動体でも不活動体でも、常に主格に等しくなる。

解説

（1）「個数詞＋（形容詞）＋名詞」の語結合　（例文 5, 6, 7）

数詞	形容詞	名詞	例
1	単数主格		**оди́н но́вый** журна́л　1冊の新しい雑誌 **одно́ но́вое ме́сто**　1つの新しい席 **одна́ но́вая кни́га**　1冊の新しい本
2	複数生格	単数生格	**два но́вых** журна́ла (ме́ста) **две но́вых** кни́ги
3, 4			**три но́вых** журна́ла (ме́ста, кни́ги) **четы́ре но́вых** журна́ла (ме́ста, кни́ги)
5以上の 基本数詞	複数生格		**пять но́вых** журна́лов (мест, книг) **два́дцать но́вых** журна́лов (мест, книг)
合成数詞	末位の個数詞に従う		**два́дцать оди́н но́вый** журна́л **два́дцать два но́вых** журна́ла **два́дцать пять но́вых** журна́лов

※ 2, 3, 4 と女性名詞が結合するときは、形容詞が複数主格になる時が多い。
　　　две но́вые кни́ги
※ ноль「ゼロ」と結合する名詞は、5以上の基本数詞と同じように変化する。
　　　ноль часо́в「0時」

（2）「個数詞＋（形容詞）＋名詞」の語結合の格変化　（例文 8）

（1）の表にある語結合は、形容詞と名詞が格変化しているが、語結合全体としては、主格として扱われる場合のものである。しかし、この語結合が主格以外の格で用いられる場合は、下表のように格変化する。

主	оди́н но́вый журна́л	два но́вых журна́ла
生	одного́ но́вого журна́ла	двух но́вых журна́лов
与	одному́ но́вому журна́лу	двум но́вым журна́лам
対	＝主格	＝主格
造	одни́м но́вым журна́лом	двумя́ но́выми журна́лами
前	одно́м но́вом журна́ле	двух но́вых журна́лах

У него́ есть **два но́вых журна́ла**. 彼は2冊の新しい雑誌を持っている。
Он расска́зывал о **двух но́вых журна́лах**. 彼は2冊の新しい雑誌について話した。

50　格の用法①（主格、対格、前置格）

（1）主格

用　　法	例　　　文
主語	**Мой друг** хорошо́ говори́т по-япо́нски. 私の友人は日本語を上手に話します。
述語	**Я студе́нт.**　私は学生です。　（ 解説 (1) を参照 ）
呼びかけ	**Ю́рий Алекса́ндрович**, куда́ Вы идёте? ユーリー・アレクサンドロヴィッチさん、あなたはどこへ行くところですか。

（2）対格

用　　法		例　　　文
直接目的語		Мы смотре́ли **телеви́зор**.　私達はテレビを見ていた。
		Она́ лю́бит **Анто́на**.　彼女はアントンを愛している。
前置詞とともに	в, на	Он идёт **в университе́т**.　彼は大学に行くところです。
		А́нна спеши́т **на рабо́ту**.　アンナは職場に急いで行くところだ。
		Я был там **в воскресе́нье**.　私は日曜日にそこへ行って来ました。
		На сле́дующий день он вы́здоровел. その次の日彼は回復した。
	че́рез	**Че́рез неде́лю** я бу́ду в Москве́. 1週間後、私はモスクワに行きます。
時間・距離・量		Я занима́лся (/занима́лась) **час**.　1時間勉強しました。
		Тогда́ он ходи́л **большу́ю диста́нцию**. 当時、長距離を歩いていました。
наза́д とともに		Я око́нчил (/око́нчила) шко́лу **год наза́д**. 私は1年前に学校を卒業した。

（3）前置格

用　　法		例　　　文
前置詞とともに	в, на	Я живу́ **в го́роде** Отару.　私は小樽市に住んでいる。
		Он рабо́тает **на заво́де**.　彼は工場で働いている。
		В Росси́и уче́бный год начина́ется **в сентябре́**. ロシアでは学年は9月にはじまる。
		Он роди́лся **в 1978 году́**.　彼は1978年に生まれた。
		Я был (/была́) в Москве́ **на про́шлой неде́ле**. 私は先週モスクワに行って来た。
	о	**О чём** Вы ду́маете?　あなたは何を考えているのですか。

（1） 連辞動詞 **быть** の現在形（単数 **есть**、複数 **суть**）と主格述語

連辞動詞としての **быть** の現在形は、ふつう省略される。**быть** の現在変化に関しては、p.119 の(2)の 5 を参照。

Tóкио — столи́ца Япóнии.　　東京は日本の首都である。

※ しかし、学術書や公式文書では省略されない場合もある。

Пряма́я ли́ния **есть** кратча́йшее расстоя́ние ме́жду двумя́ тóчками.
直線は2点の間の最短の間隔である。

（2） 前置詞 **в** と **на** の注意すべき用法（空間表現）

	意　味	例　文
в＋対格	～の中へ	Он положи́л кни́гу **в стол**. 彼は本を机の中へ入れた。
в＋前置格	～の中で（に）	Кни́га лежи́т **в столе́**. 本は机の中にある。
на＋対格	～の上へ	Он положи́л кни́гу **на стол**. 彼は本を机の上へ置いた。
на＋前置格	～の上で（に）	Кни́га лежи́т **на столе́**. 本は机の上にある。

в＋対格	～へ	Она́ éдет **в университе́т**. 彼女は大学へ行くところです。
в＋前置格	～で（に）	Она́ рабóтает **в университе́те**. 彼女は大学で働いています。
на＋対格	～へ	Она́ éдет **на пóчту**. 彼女は郵便局へ行くところです。
на＋前置格	～で（に）	Она́ рабóтает **на пóчте**. 彼女は郵便局で働いています。

※「～へ」、「～で（に）」の意味で **на** を用いる名詞は限られている。はっきりとした規則があるわけではないが、**в** が用いられるのが「具体的な場所（建物）」であるのに対して、**на** が用いられるのは「ある動作を果たすための場所（目的地）」である傾向がある。

<на を用いる主な名詞>

ста́нция（駅）、 вокза́л（ターミナルの大きな駅）、 пóчта（郵便局）、 завóд（重工業の工場）、 фа́брика（軽工業の工場）、 вы́ставка（博覧会）、 ры́нок（市場）、 да́ча（別荘、堀建て小屋付きの菜園）、 рóдина（祖国）、 востóк（東）、 за́пад（西）、 юг（南）、 се́вер（北）、 рабóта（職場、仕事）、 собра́ние（会議）、 ле́кция（講義）、 урóк（授業）、 концéрт（コンサート）、 стадиóн（スタジアム）、 катóк（スケートリンク）、 óстров（島）、 у́лица（通り、町）、 плóщадь（広場）、 экску́рсия（遠足）など

格の用法② （生格）

用　　法		例　　文
所属生格「〜の」		Это брат **А́нны**. こちらの方はアンナさんの兄弟です。
		Я е́ду в центр **го́рода**. 私は都心に行くところです。
数量生格		У меня́ ма́ло **вре́мени**. 私には時間がほとんどありません。
		Он купи́л мно́го **книг**. 彼はたくさんの本を買った。
		два **биле́та** 2枚の切符, 　пять **биле́тов** 5枚の切符
否定生格	主格→生格	У меня́ нет **сестры́**. 私には姉妹がいない。
		В холоди́льнике не́ было **молока́**. 冷蔵庫にはミルクがなかった。
	対格→生格	Я не знал (/зна́ла) **э́того**. 私はその事は知らなかった。
部分生格		Собери́те **виногра́да**. ブドウを摘んでください。
生格の目的語をとる動詞とともに		Я жела́ю Вам **успе́хов**! あなたのご成功をお祈りしています。
		Я бою́сь **соба́к**. 私は犬がこわい。
比較級とともに「〜よりも」		Он моло́же **меня́** на два го́да. 彼は私よりも2才年下です。
形容詞句	特徴、性質	челове́к **высо́кого ро́ста** 高身長の人
	述語	Мой оте́ц был **высо́кого ро́ста**. 私の父は高身長だった
副詞をつくる		Я роди́лся (/родила́сь) **второ́го** января́. 私は1月2日に生まれました。
前置詞とともに	у	Я был (/была́) **у роди́телей** вчера́. わたしは昨日両親の所に行って来ました。
	из, с	Обы́чно я выхожу́ **из до́ма** в 8 часо́в. ふつう私は8時に家を出ます。
		Он то́лько что пришёл **с рабо́ты**. 彼はたった今職場から帰ってきたばかりです。
	до	**До револю́ции** он жил в Москве́. 革命前、彼はモスクワに住んでいた。
	по́сле	**По́сле обе́да** Анто́н придёт сюда́. 昼食後、アントンがここに来るでしょう。
	от	Сего́дня я получи́л (/получи́ла) письмо́ **от до́чки**. 今日、私は娘から手紙をもらった。
	о́коло	**О́коло на́шего до́ма** мно́го магази́нов. 私達のアパートの周辺には、たくさんの店があります。
	для	Э́то и́гры **для де́вочек**. それは女の子のための玩具だ。
	без	Я пью чай **без са́хару** (/са́хара). 私は紅茶を砂糖なしで飲む。

解説

1. 数量生格

```
ско́лько （どのくらい多くの）
мно́го （多くの）
не́сколько （いくらかの）      +   複数生格 （数えられる名詞）
немно́го （少しの）                単数生格 （数えられない名詞）
ма́ло （ほとんど〜ない）
```

2. 否定生格① ;「〜がない（〜がなかった、〜がないだろう）」の構文

```
нет                          （〜がない）
не́ было    ⎫ + 名詞生格      （〜がなかった）
не бу́дет   ⎭                 （〜がないだろう）
```

3. 否定生格② ; 否定文における直接目的語

対格の目的語をとる動詞が否定されると、対格の目的語が生格にかわることがある。

Я ви́жу авто́бус. バスが見える。

Я не ви́жу авто́буса. バスは見えない。

※「特定のもの（人）」あるいは「すでに話題に上ったもの（人）」が対格目的語になっているときは、生格になることはない。

Вчера́ я встре́тил (/встре́тила) э́ту де́вушку.
昨日、私はその娘さんに会った。

Вчера́ я не встре́тил (/встре́тила) э́ту де́вушку.
昨日、私はその娘さんに会わなかった。

4. 部分生格

動作が対象（物体、液体）の一部分、一定量に及ぶ場合、目的語の名詞（主に、物質名詞、集合名詞）は、対格ではなく生格が用いられる。この用法の生格を部分生格と呼ぶ。

部分生格は、ふつう完了体動詞とともに用いられる。

Он вы́пил молока́. 彼はミルクを飲んだ。＜ある量のミルク（部分生格）を飲んだ＞

Он вы́пил молоко́. 彼はミルクを飲んだ。＜そのミルク全部（対格）を飲んだ＞

5. 生格の目的語をとる動詞

```
жела́ть （不完）〜を祈る、〜を願う、хоте́ть （不完）〜を欲する、боя́ться （不完）を恐れる、
избега́ть （不完）〜を避ける、сто́ить （不完）〜に値する
```

6. Я жела́ю Вам успе́хов! （私はあなたの成功をお祈りしております！）の構文を変形し、Я жела́ю Вам の部分を省略し、目的語の生格名詞だけから成る慣用句がある。

```
Споко́йной но́чи! お休みなさい。 Счастли́вого пути́! 道中ご無事で。
Прия́тного аппети́та! たくさん召し上がれ。＜食事中の人に向かって言う挨拶＞
```

52 格の用法③ （与格、造格）

（1） 与格

用　　法	例　　　　　文
間接目的語	Я ча́сто пишу́ пи́сьма **жене́**. 私はよく妻に手紙を書きます。 Вчера́ он купи́л **сы́ну** пода́рок. 昨日彼は息子にプレゼントを買った。
無人称文の 意味上の主語	**Студе́нтам** на́до занима́ться бо́льше. 学生たちはもっと勉強しなければならない。 **Мне** два́дцать лет. 私は20才です。
与格の目的語 をとる動詞	Я ча́сто помога́ю **ма́ме**. 私はしばしばお母さんの手伝いをします。 Он ре́дко звони́т **роди́телям**. 彼はめったに両親に電話をかけない。 **Мне** нра́вится ру́сская му́зыка. 私はロシアの音楽が好きだ。
前置詞 と共に	**к**	Заходи́те **к нам**. 私達の所にお立ち寄り下さい。 **К сожале́нию** я не могу́. 残念ながらできません。
	по	Де́ти иду́т **по у́лице**. 子供達が通りを歩いていく。 Вчера́ я посла́л (посла́ла) кни́ги **по по́чте**. 昨日、私は本を郵便で送った。 Э́то спра́вочник **по ру́сской грамма́тике.** これはロシア語文法の（ロシア語文法に関する）便覧です。

（2） 造格

用　　法	例　　　　　文
道具、手段	Я всегда́ пишу́ **ру́чкой**. 私はいつもペンで書きます。
連辞動詞 **быть** の 過去、未来と共に ＜合成述語を作る＞	Он был **инжене́ром**. 彼はエンジニアだった。 Я бу́ду **врачо́м**. 私は医者になるだろう。
合成述語を つくる	Москва́ явля́ется **столи́цей** Росси́и. モスクワはロシアの首都です。 Он стал **инжене́ром**. 彼はエンジニアになった。 Мой де́душка рабо́тал **учи́телем**. 私の祖父は教師として働いていた。
造格の目的語をと る動詞	Она́ занима́ется **спо́ртом** ка́ждый день. 彼女は毎日スポーツをします。 Я интересу́юсь **фи́зикой**. 私は物理学に関心がある。
受動表現の 動作主	Э́та кни́га напи́сана **на́шим учи́телем**. この本は、私たちの先生によって書かれた。
前置詞 と共に	**с**	Пойдём **с на́ми**. 私達と一緒に行きましょう。 Я люблю́ ко́фе **с молоко́м**. 私はカフェ・オレが好きです。
	пе́ред	**Пе́ред до́мом** стои́т гара́ж. 家の前にガレージが立っている。
	за	Мои́ друзья́ живу́т **за грани́цей**. 私の友人たちは外国に住んでいる。

解説

（1） 注意すべき与格の用法

1．無人称文の意味上の主語：無人称文（詳しくは、 70 の(2)を参照）では、「〜は」の
意味は主格では表せず、与格で表す。

2．与格の目的語をとる動詞

> помога́ть（不完）— помо́чь（完）〜を手伝う、 звони́ть（不完）— позвони́ть
> （完）〜に電話する、 нра́виться（不完）— понра́виться（完）〜は好きだ、 ве́рить
> （不完）— пове́рить（完）〜を信じる、 меша́ть（不完）— помеша́ть（完）〜の邪魔
> をする、 ра́доваться（不完）— обра́доваться（完）〜を嬉しく思う

3．к＋感情・驚きを表す名詞（与格）「〜なことに」

> к удивле́нию 驚いたことに、 к сча́стью 幸いなことに、 к несча́стью 不幸なことに

（2） 注意すべき造格の用法

1．連辞動詞 быть とともに（過去形、未来形の場合のみ）
Он **был** учи́тел**ем**.　彼は先生だった。
Он бу́дет учи́тел**ем**.　彼は先生になるだろう。

※　現在形の場合は、主格をとる。　Он учи́тель. 彼は先生です。

2．造格名詞とともに合成述語をつくる動詞

> явля́ться（不完）〜である、 станови́ться（不完）- стать（完）〜になる、 рабо́тать
> （不完）〜として働く、 остава́ться（不完）- оста́ться（完）〜のままである

3．造格の目的語をとる動詞

> занима́ться（不完）〜に従事する、〜を勉強する、 интересова́ться（不完）〜に関心
> を持っている、 по́льзоваться（不完）- воспо́льзоваться（完）〜を利用する、
> увлека́ться（不完）- увле́чься（完）〜に熱中する

4．Я поздравля́ю Вас **с Но́вым го́дом**! の構文
（私は新年のことであなたを祝う。→ 明けましておめでとうございます）

※ 普通、Я поздравля́ю Вас の部分が省略され、**С Но́вым го́дом**!となる。こ
れと同様の型の表現として次のようなものがある。

> С днём рожде́ния! お誕生日おめでとう。（←誕生日のことで祝う）　С прие́здом!
> ようこそいらっしゃいました。（←到着のことで祝う）　С Рождество́м! メリー・クリスマ
> ス！　（クリスマスのことで祝う）　С лёгким па́ром! さっぱりしましたね。＜風呂上が
> りの人に言う挨拶＞　（←軽い湯気のことで祝う）

5．受動表現の動作主「〜によって (=by〜)」（受動表現に関しては、p.141 の(2)を参照）
Э́тот вопро́с иссле́дуется **аспира́нтами**.
この問題は大学院生たちによって研究されている。

格の用法③（与格、造格）　**115**

53

動詞の人称形 (不完了体現在形、完了体未来形) ① (第1変化)

(1) 第1変化 (規則型と特殊型)

主語＼語幹	規則型	A 型	B 型	C 型	D 型
不定形 (原形)	де́лать する	петь 歌う	е́хать 行く	брать とる	сове́товать 助言する
語幹	де́ла	по	ед	бер	сове́ту
я	де́лаю	пою́	е́ду	беру́	сове́тую
ты	де́лаешь	поёшь	е́дешь	берёшь	сове́туешь
он,оно́,она́,	де́лает	поёт	е́дет	берёт	сове́тует
мы	де́лаем	поём	е́дем	берём	сове́туем
вы	де́лаете	поёте	е́дете	берёте	сове́туете
они́	де́лают	пою́т	е́дут	беру́т	сове́туют

主語＼語幹	E 型	F 型	G 型	H 型
不定形 (原形)	дава́ть 与える	писа́ть 書く	колеба́ть 揺らす	мочь ～できる
語幹	да	пиш	колебл	мо[г/ж]
я	даю́	пишу́	коле́блю	могу́
ты	даёшь	пи́шешь	коле́блешь	мо́жешь
он,оно́,она́	даёт	пи́шет	коле́блет	мо́жет
мы	даём	пи́шем	коле́блем	мо́жем
вы	даёте	пи́шете	коле́блете	мо́жете
они́	даю́т	пи́шут	коле́блют	мо́гут

(2) まず覚えるべき第1変化 (規則型) の動詞

быва́ть 時々ある, встреча́ть 出会う, гуля́ть 散歩する, де́лать する, ду́мать 考える, занима́ться*勉強する, знать 知っている, игра́ть 遊ぶ, мечта́ть 夢見る, называ́ться* ～と呼ばれている, начина́ться*始まる, обе́дать 昼食を食べる, отвеча́ть 答える, отдыха́ть 休息をとる, поздравля́ть 祝う, пока́зывать 見せる, покупа́ть 買う, получа́ть 受け取る, помога́ть 手伝う, понима́ть 理解する, принима́ть 受け入れる, рабо́тать 働く, расска́зывать 物語る, слу́шать 聞く, собира́ть 集める, спра́шивать 質問する, чита́ть 読む, явля́ться* ～である

* 語末に-СЯ の付いた動詞 (-СЯ 動詞) に関しては、 57 を参照。

解説

1. 不完了体動詞の現在変化と完了体動詞の未来変化は、人称と数に従って同様の変化をする。本書では、両者を人称形という名でまとめて説明していく。

2. A型は、語尾にアクセントがあるのが特徴である。この場合、第1変化語尾の e は ё になる。 пить 飲む (現在語幹 пь-) пью, пьёшь, ..., пьют

3. B型は、語幹が子音で終わるのが特徴である。この場合、1人称単数と3人称複数の語尾が規則型とは異なる (ю が у に、ют が ут になる)。
   сесть 座る (現在語幹 ся́д-) ся́ду, ся́дешь, ..., ся́дут
   стать ～になる (現在語幹 стан-) ста́ну, ста́нешь, ..., ста́нут

4. C型は、A型とB型の両方の特徴を持ったものである。この型に属する動詞には高頻度のものが多い。

   взять とる (現在語幹 возьм-)　　нача́ть 始める (現在語幹 начн-)
   жить 住む (現在語幹 жив-)　　　жда́ть 待つ (現在語幹 жд-)
   идти́ 行く (現在語幹 ид-)　　　расти́ 育つ (現在語幹 раст-)
   звать 呼ぶ (現在語幹 зов-)　　верну́ть 返す (現在語幹 верн-)

5. D型は、語末が -овать で終わる動詞である (ふつう、-овать 動詞と呼ばれる)。この動詞は語幹を形成する際、-ова が -у になる。非常に生産的な変化型である。
   чу́вствовать 感じる (現在語幹 чу́вству-)
   существова́ть 存在する (現在語幹 существу́-)

   ※ D型の変種で、-евать で終わる動詞がある。語幹を形成する際、-ева が -ю になる。
   воева́ть 戦う (現在語幹 вою́-) вою́ю, вою́ешь, ..., вою́ют

6. E型は、語末が -ава́ть で終わる動詞である。A型と同じ語尾を有するが、語幹を形成する際、-ва を取り除く点に注意。
   встава́ть 起きる (現在語幹 встаё-)、 продава́ть 売る (現在語幹 прода́-)

7. F型は、現在語幹末の子音交替とアクセント移動に注意しなければならない。
   написа́ть 書く (現在語幹 напиш-)、 списа́ть コピーする (現在語幹 спиш-)、
   сказа́ть 話す (現在語幹 скаж-)、 заказа́ть 注文する (現在語幹 закаж-)、
   рассказа́ть 物語る (現在語幹 расскаж-)なども同様の変化をする。

   主な子音交替

С	З	Т	Д	СТ
Ш	Ж	Ч	Щ	Ж	Щ

8. G型は、現在語幹末が「唇音 (п, б, м) + л」で終わるのが特徴。
   дрема́ть まどろむ (現在語幹 дремл-) дремлю́, дре́млешь, ..., дре́млют

9. H型の мочь や接頭辞の付いた помо́чь は、現在語幹末が子音交替 (г になったり、ж になったり) する点に注意。 помо́чь 助ける (現在語幹 помо́[г/ж]-)

54

動詞の人称形 (不完了体現在形、完了体未来形) ② (第2変化、不規則変化)

(1) 第2変化 (規則型、特殊型)

	規則型	A型	B型	C型
不定形 (原形)	говори́ть 話す	учи́ть 教える	ви́деть 見える	люби́ть 好む
主語 ＼ 語幹	говор	уч	ви[д/ж]	лю[б/бл]
я	говорю́	учу́	ви́жу	люблю́
ты	говори́шь	у́чишь	ви́дишь	лю́бишь
он, оно́, она́	говори́т	у́чит	ви́дит	лю́бит
мы	говори́м	у́чим	ви́дим	лю́бим
вы	говори́те	у́чите	ви́дите	лю́бите
они́	говоря́т	у́чат	ви́дят	лю́бят

(2) まず覚えるべき第2変化 (規則型) の動詞

アクセント移動がないもの	говори́ть 話す, звони́ть 電話する, по́мнить 覚えている, стоя́ть* 立っている, стро́ить 建てる
2人称単数以下にアクセント移動があるもの	дари́ть 贈る, кури́ть タバコを吸う, смотре́ть 見る

* стоя́ть は、-ять で終わっているが、第2変化動詞である。

(3) 不規則変化

不定形 (原形)	хоте́ть 欲する	дать 与える	есть 食べる	бежа́ть 走る	быть ～である、～がある
主語 ＼ 語幹	хо[т/ч]	дад	е[д]	бе[ж/г]	
я	хочу́	дам	ем	бегу́	(есмь)
ты	хо́чешь	дашь	ешь	бежи́шь	(еси́)
он, оно́, она́	хо́чет	даст	ест	бежи́т	есть
мы	хоти́м	дади́м	еди́м	бежи́м	(есмы́)
вы	хоти́те	дади́те	еди́те	бежи́те	(есте́)
они́	хотя́т	даду́т	едя́т	бегу́т	суть

（1）第2変化の特殊型：語幹末に子音交替があるものが多い。

1．A型は、語幹末が **ж, ч, ш, щ** で終わる。この場合、正書法によって、1人称単数と3人称複数の語尾が変わる（**ю** が **у** に、**ят** が **ат** になる）。

решить 決める （現在語幹 реш-）решу́, реши́шь, …, реша́т

слы́шать 聞こえる （現在語幹 слы́ш-）слы́шу, слы́шишь, …, слы́шат

2．B型は、語幹末が **с, з, т, д, ст** で終わる。1人称単数に限り、語幹末で、下記のような子音交替が起こる。語尾は、A型と同様、**ю** が **у** となる。

с	з	т	д	ст
ш	ж	ч	щ	ж	щ

ходи́ть （歩いて）行く （現在語幹 хо[д/ж]-）хожу́

отве́тить 答える （現在語幹 отве́[т/ч]-）отве́чу

спроси́ть 質問する （現在語幹 спро[с/ш]-）спрошу́

плати́ть 支払う （現在語幹 пла[т/ч]-）плачу́

3．C型は、語幹が唇音（**п, б, ф, в, м**）で終わる。この場合、1人称単数に限り、語幹末に **л** を付す。

купи́ть 買う （現在語幹 ку[п/пл]-）куплю́

гото́вить 準備する （現在語幹 гото́[в/вл]-）гото́влю

оста́вить 置いて行く （現在語幹 оста́[в/вл]-）оста́влю

поступи́ть 振る舞う （現在語幹 поступ[п/пл]-）поступлю́

отпра́вить 発送する （現在語幹 отпра́[в/вл]-）отпра́влю

спать 眠る（現在語幹 сп[п/пл]-）сплю

（2）不規則変化

1．**хоте́ть** は、第1変化と第2変化の混合型である。現在語幹末に子音交替がある点にも注意。

2．**дать** は、単数形で独特の変化をする。1, 2人称複数は第2変化、3人称複数は第1変化の語尾を有する。同一語根の **переда́ть, прода́ть, препода́ть** も同様の変化をする。

3．**есть**「食べる」は、単数形で独特の変化をする。複数形は第2変化である。

4．**бежа́ть** は、3人称複数形が第1変化の語尾であるが、それ以外の語形では全て第2変化の語尾を有する。現在語幹末が子音交替する点にも注意。

5．**быть** の現在形は、現代ロシア語では、3人称単数形 **есть** と3人称複数の **суть** 以外は用いられなくなった。さらに、**суть** もほとんどの場合省略される。

55 動詞の過去形

（1）規則変化

A. 規則変化型（アクセントが女性単数形の語尾 ла に移動するものを含む）

不定形 （原形）		де́лать する	говори́ть 話す	быть 〜である	жить 住む	занима́ться 勉強する
主語	語幹	де́ла	говори́	бы	жи	занима́
単数	男性	де́лал	говори́л	был	жил	занима́лся
	中性	де́лало	говори́ло	бы́ло	жи́ло	занима́лось
	女性	де́лала	говори́ла	была́	жила́	занима́лась
複数	3性共通	де́лали	говори́ли	бы́ли	жи́ли	занима́лись

B. 規則変化型であるが、アクセント移動が不規則なもの

不定形 （原形）		поня́ть 理解する	пода́ть 差し出す	нача́ть 始める	нача́ться 始まる	роди́ться 生まれる
主語	語幹	поня́	пода́	нача́	нача́	роди́
単数	男性	по́нял	по́дал	на́чал	начался́	роди́лся
	中性	по́няло	по́дало	на́чало	начало́сь	родило́сь
	女性	поняла́	подала́	начала́	начала́сь	родила́сь
複数	3性共通	по́няли	по́дали	на́чали	начали́сь	родили́сь

（2）特殊変化

不定形（原形）		мочь〜できる	идти́ 行く	вести́ 導く	сесть 座る
主語	語幹	мог	шё/ш	вё/ве	се
単数	男性	мог	шёл	вёл	сел
	中性	могло́	шло	вело́	се́ло
	女性	могла́	шла	вела́	се́ла
複数	3性共通	могли́	шли	вели́	се́ли

不定形（原形）		лечь 横たわる	расти́ 育つ	нести́ 携行する	умере́ть 死ぬ
主語	語幹	лёг/лег	рос	нёс/нес	у́мер
単数	男性	лёг	рос	нёс	у́мер
	中性	легло́	росло́	несло́	у́мерло
	女性	легла́	росла́	несла́	умерла́
複数	3性共通	легли́	росли́	несли́	у́мерли

（1）規則変化

1．過去形は主語の性と数によって変化する。
2．現在形のような第1変化、第2変化の区別はない。
3．過去形の語幹は、原形から -ть を取り除いた部分。
4．過去形語尾は、л（男性）、ло（中性）、ла（女性）、ли（複数）となる。
5．女性形はアクセントが語尾に移る場合が多い。

（注意1）変化は規則的であるが、アクセント移動が不規則なものがある。（左ページの(1)のB）
（注意2）アクセントの位置にゆれのあるものもある。

роди́лся/роди́лся, родила́сь/роди́лась

（2）特殊変化

1．мочь, лечь, расти́, нести́, умере́ть は、男性形で語尾がなくなる。

2．сесть のように、-сть で終わる動詞は、過去形語幹を作る際、-сть の部分を取り除く。

класть 置く（過去形語幹 кла-）клал, кла́ло, кла́ла, кла́ли
есть 食べる（過去形語幹 е-）ел, е́ло, е́ла, е́ли

3．нести́と同じ変化をする動詞に、везти́（乗り物で）運ぶ（вёз, везло́, везла́, везли́)がある。

4．идти́, вести́, лечь, нести́, везти́ は、男性形だけ、語幹にある母音 е が ё に変化する。

（3）быть の過去形の否定；アクセントに注意

не́ был, не́ было, не была́, не́ были

参考 Э́то 「これは、それは」が主語となる場合の述語動詞 быть の変化

Э́то был тяжёлый год. それは辛い年だった。
Э́то была́ шу́тка. それは冗談だった。
Э́то бы́ло лу́чшее ле́то. それは最高の夏だった。
Э́то бы́ли оши́бки. それは間違いだった。
Э́то бу́дет холо́дная о́сень. それは寒い秋になるだろう。
Э́то бу́дут незабыва́емые дни. それは忘れられない日々となるだろう。

※ быть の後ろに来る名詞（主格）の性・数にあわせて変化する。

動詞の未来形、不定形 (原形)

1. Скóро он бýдет отцóм. 間もなく彼は父親になる。

2. Сегóдня я рабóтал, а зáвтра я бýду отдыхáть.
今日私は働いたが、明日は休養を取る。

3. Я хочý быть инженéром. 私はエンジニアになりたい。

解説

（1）**быть**（＜連辞＞「〜である」、＜存在＞「〜にいる／ある」）の未来形　（例文 1）

不定形 (原形)	**быть**
主語 ＼ 語幹	**буд**
я	**бýду**
ты	**бýдешь**
он, онó, онá	**бýдет**
мы	**бýдем**
вы	**бýдете**
они	**бýдут**

1．**быть** を一般動詞の現在形と同様に、人称と数による変化をさせると、未来形になる。

2．**быть** が未来形や不定形で用いられた場合、「〜になる（＝**стать**）」の意味になることが多い（例文 1,3）。「行く・来る」の意味になる場合に関しては、 19 を参照。

3．第 1 変化動詞だが、語幹末は子音（**буд**）となる。**éхать** と同様の変化をする（p.116 の（1）の B 型を参照）。

4．**быть** の現在形に関しては、p.119 の(2) の 5 を参照。

（2）一般動詞（быть 以外の動詞）の未来形

＜不完了体動詞の場合＞　（例文 2）

быть の未来形 ＋ 動詞の不定形 (原形)

1．不完了体動詞の未来は、**быть** の未来形を英語の will と同様に助動詞として用いる。

2．二つの単語の合成によって形成されるので、「合成未来」と呼ばれる。

3．「〜するだろう」、〜しているだろう」の意味。

4．動詞の体と時制に関しては、 22 と 58 を参照。

читáть の未来形を例として挙げる

主語 ＼ 不定形	**читáть**
я	**бýду читáть**
ты	**бýдешь читáть**
он, онó, онá	**бýдет читáть**
мы	**бýдем читáть**
вы	**бýдете читáть**
они	**бýдут читáть**

＜完了体動詞の場合＞

1．完了体動詞を人称変化（不完了体動詞の現在変化と同様の変化）させると、未来の意味となる。 53 と 54 を参照。

2．動詞の体と時制に関しては、 22 と 58 を参照。

（3）動詞の不定形（原形）

1．英文法でいう「原形」のこと。動詞の諸語形の代表として、辞書の見出し語としても用いられる。

不定形（原形）の語尾	例	備考
-ть	чита́ть, писа́ть など 圧倒的多数の動詞	・ほとんどの動詞はこの不定形語尾を持つ
-ти	идти́, нести́, вести́ などの動詞とそれに接頭辞が付いた動詞	・接頭辞 вы́-が付く場合は、語尾にアクセントがない вы́йти, вы́нести ・語形変化は、 53 , 55 , 60 を参照
-чь	мочь, печь, лечь などの極めて少数の動詞	・語形変化は、 53 , 55 を参照

2．不定形の用法の主なものは次の通り。

用法	例文	備考
合成未来	За́втра я бу́ду занима́ться до́ма. 明日、私は家で勉強します。	完了体動詞からは合成未来は作られない。
нача́ть, мочь などの動詞とともに	Он на́чал изуча́ть ру́сский язы́к. 彼はロシア語を学び始めた。 Я не могу́ оста́ться здесь. 私はここに留まることはできない。	動詞の目的語のように用いられる。
疑問詞とともに	Я не зна́ю, куда́ идти́. 私はどこへ行くべきかわからない。 Что де́лать? 何をするべきか。	英語の「疑問詞＋to-不定詞」に対応する表現。 英語と異なり、独立した文としても用いることができる。
無人称述語において	Нельзя́ кури́ть здесь. ここではタバコを吸ってはいけない。 Интере́сно изуча́ть эконо́мику. 経済学を学ぶのは面白い。	мо́жно, нельзя́, на́до, ну́жно などとともに用いられることが特に頻繁である。
副詞的用法「～するために」	Он пошёл гуля́ть. 彼は散歩（をするため）に出かけた。	идти́, е́хать などの運動の動詞とともに用いられることが多い。

1. Она́ **одева́ет** свою́ до́чку. 彼女は娘に服を着せている。

2. Она́ **одева́ется** ме́дленно. 彼女はゆっくりと服を着る。

       *   *   *

3. Анто́н **ви́дел** Мари́ну. アントンはマリーナに会った。

4. Анто́н и Мари́на **ви́делись**. アントンとマリーナは出会った。

5. Анто́н **ви́делся** с Мари́ной. アントンはマリーナと出会った。

       *   *   *

6. Он **начина́ет** ле́кции по́здно. 彼は遅く講義を始める。

7. Ле́кции **начина́ются** по́здно. 講義は遅く始まる。

       *   *   *

8. Рабо́чие **стро́ят** э́тот дом. その労働者達がこの家を建てている。

9. Э́тот дом **стро́ится** рабо́чими.
この家は労働者達によって建てられている。

       *   *   *

10. Библиоте́ка **занима́ет** весь пе́рвый эта́ж.
図書館は1階全部を占有している。

11. Он **занима́ется** дома. 彼は家で勉強している。

       *   *   *

12. Э́тот ма́льчик **бои́тся** темноты́. この男の子は暗闇を怖がる。

13. Мы **наде́емся на** сотру́дничество. 我々は協力を期待しています。

       *   *   *

14. Я **хочу́** спать. 眠りたい。

15. Мне **хо́чется** спать. 眠りたい気がする。

※ хоте́ться は、自分の意思によらない動作を表す傾向がある点が хоте́ть と異なる。

（1）-ся 動詞；себя（「自分自身」の意味）の短縮形 ся が動詞の末尾に結合した動詞

> учи́ть（教える）＋ся（自分自身）＝учи́ться（自分自身を教える→学ぶ）

（2）-ся 動詞の変化；-ся を除いて動詞変化をさせ、その後ろに-ся を付ける。例えば、занима́ться（勉強する）の変化は、以下のようになる。

	現在
я	занима́юсь
ты	занима́ешься
он, оно, она	занима́ется
мы	занима́емся
вы	занима́етесь
они	занима́ются

	過去
男	занима́лся
中	занима́лось
女	занима́лась
複	занима́лись

（注意1） 動詞の末尾が母音の場合、-ся を-сь にする。

（注意2） -тся（3 人称単数および 3 人称複数の語末）と -ться（不定形の語末）の発音は、いずれも[цца]となる。

（3）-ся 動詞の意味

-ся 動詞の基本的な意味	-ся 動詞	-ся なしの動詞
再帰（動作が自分の身に及ぶ） （注意）ふつう、主語は人である。	одева́ться 服を着る<例文 2> мы́ться 体を洗う	одева́ть ～に服を着せる <例文 1> мыть ～を洗う
相互（2 つ以上の主体が相互に及ぼし合う） （注意）主語が複数になることが多い。主語が単数形の場合は、-ся 動詞の後に「с+造格」が来る。	ви́деться 出会う<例文 4, 5> встреча́ться 出会う знако́миться 知り合いになる обнима́ться 抱き合う	ви́деть ～に会う<例文 3> встреча́ть ～に会う знако́мить ～を知り合いにさせる обнима́ть ～を抱く
中動（動作が主体に集中し、完全に自動詞化する）	начина́ться 始まる<例文 7> конча́ться 終わる	начина́ть ～を始める <例文 6> конча́ть ～を終える
受身 （注意 1）この意味で用いられる-ся 動詞は不完了体。 （注意 2）物を表す名詞が主語に来る。	стро́иться 建てられる<例文 9> изуча́ться 研究されている испо́льзоваться 使用されている	стро́ить ～を建てる <例文 8> изуча́ть ～を研究する испо́льзовать ～を使用する
「-ся 付きの動詞」と「-ся なしの動詞」の**意味が大きく異なる**もの	занима́ться 勉強する<例文11> находи́ться （～に）いる、（～に）ある	занима́ть ～を占める <例文 10> находи́ть ～を見つける
対応の「**-ся なしの動詞**」がないもの	боя́ться （＋生格）～を恐れる<例文 12> наде́яться （на＋対格）～を期待する　<例文 13>	
無人称文を作るもの	хоте́ться ～したい気がする<例文 15>	хоте́ть ～したい<例文 14>

58　体 (アスペクト) と時制

1. Я **чита́л** э́ту кни́гу четы́ре дня.　私は4日間この本を読んでいました。

2. Я **прочита́л** кни́гу и верну́л её в библиоте́ку.
   私はその本を読み終え、図書館に返却しました。

*　　　　　　　　　*　　　　　　　　　*

3. Тогда́ я ча́сто **получа́л** пи́сьма от Ната́ши.
   当時、私はナターシャからよく手紙をもらいました。

4. Вчера́ я **получи́л** письмо́ от Ната́ши.
   昨日、ナターシャから手紙をもらいました。

*　　　　　　　　　*　　　　　　　　　*

5. Кто́-то **приходи́л**.　誰かが来ていました。＜もう帰って、その場にいない＞

6. Кто́-то **пришёл**.　誰かが来ています。＜まだその場にいる＞

*　　　　　　　　　*　　　　　　　　　*

7. Сейча́с он **слу́шает** му́зыку.　彼は今音楽を聴いています。

8. Ка́ждый день он **игра́ет** в те́ннис.　毎日彼はテニスをしています。

9. Желе́зо **ржаве́ет**.　鉄は錆びる。

10. Он **говори́т** по-япо́нски.　彼は日本語が話せる。

11. Когда́ Вы **уезжа́ете** в Япо́нию?　いつ日本へお帰りですか。

*　　　　　　　　　*　　　　　　　　　*

12. Ве́чером мы **бу́дем смотре́ть** телеви́зор до́ма.
    晩、私たちは家でテレビを見ているでしょう。

13. Ве́чером мы **поу́жинаем** до́ма и пойдём в теа́тр.
    晩、私たちは家夕食を食べてから劇場に出かけます。

14. В бу́дущем году́ я **бу́ду посеща́ть** ле́кции поча́ще.
    来年は、もう少し頻繁に講義に出ます。

15. Пото́м я **позвоню́**.　後ほど電話します。

16. Анто́н **бу́дет реша́ть** зада́чу.
    アントンはその問題の解答に取りかかるでしょう。

17. Анто́н **реши́т** зада́чу.　アントンはその問題を解けるだろう。

解説

（1）体（アスペクト）と時制

	不完了体		完了体
過去	1. 過去の動作の継続、状態 ＜例文1＞ 2. 過去の反復、習慣 ＜例文3＞ 3. 事実の有無の確認 ＜例文5＞	過去	1. 特定的動作、1回動作 ＜例文4＞ 2. 動作の完了、結果 ＜例文2＞
現在	1. 発話と同時進行の動作、状態 ＜例文7＞ 2. 反復、習慣 ＜例文8＞ 3. 真理 ＜例文9＞ 4. 能力 ＜例文10＞ 5. 近接未来 ＜例文11＞		3. 過去の動作結果の残存＜例文6＞
未来	1. 未来における動作の継続、状態＜例文12＞ 2. 未来における反復、習慣 ＜例文14＞ 3. 予定、これから着手する動作 ＜例16＞	現在・未来	1. 未来における特定的動作、1回動作 ＜例文15＞ 2. 未来における動作の完了、結果 ＜例文13＞ 3. 可能 ＜例文17＞

（2）命令形における体（アスペクト）

	基本的意味	例文
不完了体命令形	反復的・習慣的動作の命令	**Звони́те** ча́ще. もっと電話をかけてきてください。
完了体命令形	1回限りの具体的動作の要求	**Позвони́те** че́рез 5 мину́т. 5分後に電話をください。

（注意1）　不完了体命令形でも「1回動作」を表すことがある。
1. 動作そのものを促す「穏やかな勧誘」を表し、柔らかく丁寧な響きがある。

　　　　Входи́те, пожа́луйста. 　どうぞお入りください。

2. 動作そのものの実行を促す「念を押す強い要求」を表し、激しく厳しい響きがある。

　　　　Входи́. 　入れと言ったら入るんだ。

（注意2）　命令形の否定には不完了体が用いられることが圧倒的に多い。

　　　　Не опа́здывайте на заня́тия. 　授業には遅れてはいけません。 ＜禁止＞

　　　　※ 完了体の否定命令形は「警告」のニュアンスが入る。

　　　　Не опозда́йте на заня́тия. 　授業に遅れないように。 ＜警告＞

（3）不完了体動詞の不定形を要求する動詞（「開始、終了、継続」を表す動詞）

начина́ть （不完） нача́ть （完）	開始	Я на́чал **изуча́ть** ру́сский язы́к в про́шлом году́. 私は昨年ロシア語の勉強を始めました。
конча́ть （不完） ко́нчить （完）	終了	Обы́чно мы конча́ем **занима́ться** в 3 часа́. ふつう、私たちは3時に勉強を終えます。
продолжа́ть （不完）	継続	Друзья́ продолжа́ли **разгова́ривать**. 友人達は語らい続けた。

体（アスペクト）のペア、動詞の接頭辞

体（アスペクト）のペア

		不完了体	完了体	意味	備考
接頭辞付加	A型	ви́деть	уви́деть	見える、会う	・いくつかの接頭辞が用いられるが、接頭辞 **по** が付加されることが最も多い
		де́лать	сде́лать	する、作る	
		мочь	смочь	できる	
		нра́виться	понра́виться	好きだ	
		писа́ть	написа́ть	書く	
		пить	вы́пить	飲む	
		проси́ть	попроси́ть	頼む	
		чита́ть	прочита́ть	読む	
		рисова́ть	нарисова́ть	描く	
		смотре́ть	посмотре́ть	見る	
		стро́ить	постро́ить	建設する	
接尾辞付加	B型	дава́ть	дать	与える	・使用頻度の高い動詞が多い
		забыва́ть	забы́ть	忘れる	
		одева́ть	оде́ть	服を着せる	
		открыва́ть	откры́ть	開く	
	C型	расска́зывать	рассказа́ть	物語る	・常にアクセント移動がある ・子音交替に注意（下線部）
		пока́зывать	показа́ть	見せる	
		спра́шивать	спроси́ть	尋ねる	
		опа́здывать	опозда́ть	遅れる	
接尾辞が異なる	D型	реша́ть	реши́ть	解く、決める	・使用頻度の高い動詞が多い ・子音交替に注意（下線部）
		изуча́ть	изучи́ть	研究する	
		конча́ть	ко́нчить	終える	
		повторя́ть	повтори́ть	反復する	
		получа́ть	получи́ть	受け取る	
		встреча́ть	встре́тить	出会う、出迎える	
		отвеча́ть	отве́тить	答える	
		приглаша́ть	пригласи́ть	招待する	
	E型	вспомина́ть	вспо́мнить	思い出す	・使用頻度の高い動詞が多い
		запомина́ть	запо́мнить	記憶する	
		понима́ть	поня́ть	理解する	
		начина́ть	нача́ть	始める	
		помога́ть	помо́чь	手伝う	
		умира́ть	умере́ть	死ぬ	

		брать	взять	取る、持っていく	・使用頻度の高い動詞
語根が異なる	F型	говори́ть	сказа́ть	話す	が多い
		покупа́ть	купи́ть	買う	
		сади́ться	сесть	座る	
		класть	положи́ть	置く	

解説

（1）体のペアの派生

1．接頭辞付加（A型）；不完了体動詞に接頭辞を付加することにより、ペアの完了体動詞を作る。

> 接頭辞＋不完了体の本源動詞（接頭辞なしの不完了体動詞）⇒ 完了体動詞
> про- ＋ чита́ть ⇒ прочита́ть

※どんな接頭辞が付加されるかは動詞によって異なる（下記の(2)の「動詞の接頭辞」の項を参照）。

2．接尾辞付加（B型, C型）；完了体動詞に接尾辞を付加することにより、ペアの不完了体動詞を作る。C型に属する動詞は非常に多い。

> 完了体動詞＋接尾辞 ⇒ 不完了体動詞
> дать ＋ -ва́- ⇒ дава́ть
> показа́ть ＋ -ыва- ⇒ пока́зывать

3．接尾辞が異なる（D型, E型）；完了体動詞の接尾辞を取り替えることにより不完了体を作る。

> изучи́ть — изуча́ть、 поня́ть — понима́ть

4．語根が異なる（F型）；もともと全く異なる動詞が体のペアを構成することがある。

> говори́ть — сказа́ть

5．完了体と不完了体が同形；жени́ться, обеща́ть, испо́льзовать など少数の動詞

（2）動詞の接頭辞

動詞の接頭辞は各々多くの意味を持っている（時には、不完了体動詞に語彙論的な意味を加えず、ペアの完了体動詞にするだけの場合もある）が、主要な意味だけを次に示す。

в-	内への動作	на-	上への動作	при-	到達点への動作
вы-	外への動作	о-	周囲に及ぶ動作	про-	貫く動作
до-	追加の動作	от-	分離、離脱の動作	раз-	分割、配分の動作
за-	背後への動作	пере-	横断、反復の動作	с-	集合、結合の動作
из-	内部からの動作	по-	動作の開始	у-	遠方への動作

例 писа́ть（不完）に接頭辞が付加されてできた完了体動詞

вписа́ть（書き込む）、**вы**писа́ть（書き出す）、**до**писа́ть（書き加える）、

записа́ть（録音する）、**на**писа́ть（書く；писа́ть（不完）のペア）、**с**писа́ть（コピーする）

※ написа́ть に付加された接頭辞 на-は、この場合、不完了体を完了体にするだけで、писа́ть に新たな意味を加えない。

※ 接頭辞付加によって作られた完了体動詞は、接尾辞付加によって不完了体動詞を派生する。

> впис́ать（完）— впи́сывать（不完）、 спис́ать（完）— спи́сывать（不完）

60 　運動の動詞（定動詞・不定動詞）

（1）定動詞 **идти́, е́хать**

1. Я **иду́** в шко́лу.　私は学校へ（歩いて）行くところです。<一定方向>

2. Когда́ я **шёл (/шла)** в шко́лу, я уви́дел (/уви́дела) А́ню.
   私は学校へ（歩いて）行く途中で、アーニャに会いました。<一定方向>

3. Я **е́ду** в шко́лу.　私は学校へ（乗り物で）行くところです。<一定方向>

4. Когда́ я **е́хал (/е́хала)** в шко́лу, я уви́дел (/уви́дела) А́ню.
   私は学校へ（乗り物で）行く途中で、アーニャに会いました。<一定方向>

※ 定動詞が未来（近い将来）のことを表すことがある。

　За́втра я иду́ (е́ду) в теа́тр.　明日、私は劇場に行きます。

（2）不定動詞 **ходи́ть, е́здить**

5. Он до́лго **ходи́л** по у́лицам.
   彼は長い時間街を歩き回っていた。<不定方向>

6. Он ча́сто **ходи́л** в теа́тр. (≒Он ча́сто быва́л в теа́тре.)
   彼はよく劇場に（歩いて）行っていた。<反復>

7. Вчера́ он **ходи́л** в теа́тр. (≒Вчера́ он был в теа́тре.)
   昨日彼は劇場に（歩いて）行って来た。<往復>

8. Он до́лго **е́здил** по у́лицам.
   彼は長い時間街を（乗り物で）走り回っていた。<不定方向>

9. Он ча́сто **е́здил** в Москву́. (≒Он ча́сто быва́л в Москве́.)
   彼はよくモスクワに（乗り物で）行っていた。<反復>

10. Вчера́ он **е́здил** в Москву́. (≒Вчера́ он был в Москве́.)
    昨日彼はモスクワに（乗り物で）行って来た。<往復>

（3）主な「定動詞／不定動詞」

動詞の意味	不完了体動詞		備考
	定 動 詞	不 定 動 詞	
（歩いて）行く・来る	идти́	ходи́ть	1. 語形変化に関して
（乗り物で）行く・来る	е́хать	е́здить	は、右の表を参照。
走って行く・来る	бежа́ть	бе́гать	2. これらの「定動詞・
連れて行く・来る	вести́	води́ть	不定動詞」に接頭辞が
（歩いて）持って行く・来る	нести́	носи́ть	付き、新たな動詞が作られる。
（乗り物で）運んで行く・来る	везти́	вози́ть	<詳しくは、61 を参照>
飛んで行く・来る	лете́ть	лета́ть	

（1）ロシア語の運動（移動）を表す動詞には、定動詞と不定動詞の区別がある。

定動詞	一定方向に向かう運動（移動）を表す
不定動詞	不定方向、反復、往復の運動（移動）を表す

※ 定動詞、不定動詞は、ともに不完了体動詞である。

（2）主な「定動詞、不定動詞」の現在変化、過去変化

定動詞

		идти́	е́хать	бежа́ть	вести́	нести́	везти́	лете́ть
я		иду́	е́ду	бегу́	веду́	несу́	везу́	лечу́
ты		идёшь	е́дешь	бежи́шь	ведёшь	несёшь	везёшь	лети́шь
он, оно́, она́		идёт	е́дет	бежи́т	ведёт	несёт	везёт	лети́т
мы		идём	е́дем	бежи́м	ведём	несём	везём	лети́м
вы		идёте	е́дете	бежи́те	ведёте	несёте	везёте	лети́те
они́		иду́т	е́дут	бегу́т	веду́т	несу́т	везу́т	летя́т
単数	男性	шёл	е́хал	бежа́л	вёл	нёс	вёз	лете́л
	中性	шло	е́хало	бежа́ло	вело́	несло́	везло́	лете́ло
	女性	шла	е́хала	бежа́ла	вела́	несла́	везла́	лете́ла
複数	3性共通	шли	е́хали	бежа́ли	вели́	несли́	везли́	лете́ли

不定動詞

		ходи́ть	е́здить	бе́гать	води́ть	носи́ть	вози́ть	лета́ть
я		хожу́	е́зжу	бе́гаю	вожу́	ношу́	вожу́	лета́ю
ты		хо́дишь	е́здишь	бе́гаешь	во́дишь	но́сишь	во́зишь	лета́ешь
он, оно́, она́		хо́дит	е́здит	бе́гает	во́дит	но́сит	во́зит	лета́ет
мы		хо́дим	е́здим	бе́гаем	во́дим	но́сим	во́зим	лета́ем
вы		хо́дите	е́здите	бе́гаете	во́дите	но́сите	во́зите	лета́ете
они́		хо́дят	е́здят	бе́гают	во́дят	но́сят	во́зят	лета́ют
単数	男性	ходи́л	е́здил	бе́гал	води́л	носи́л	вози́л	лета́л
	中性	ходи́ло	е́здило	бе́гало	води́ло	носи́ло	вози́ло	лета́ло
	女性	ходи́ла	е́здила	бе́гала	води́ла	носи́ла	вози́ла	лета́ла
複数	3性共通	ходи́ли	е́здили	бе́гали	води́ли	носи́ли	вози́ли	лета́ли

（注意1） бе́гать と лета́ть は、第1変化動詞の規則型である。

（注意2） ходи́ть、носи́ть、води́ть、вози́ть、е́здить は、第2変化の特殊型である。1人称単数現在形だけ語幹末が音韻交替する。（ходи́ть – хожу́、носи́ть – ношу́、води́ть – вожу́、вози́ть – вожу́、е́здить – е́зжу）。また、е́здить 以外は現在形において2人称単数形以下の語形のアクセントが語幹に移動する。

（注意3） идти́、вести́、нести́、везти́は、第1変化の特殊型。過去形が特殊変化する。

（注意4） е́хать は第1変化の特殊型、лете́ть は、第2変化の特殊型である。

（注意5） бежа́ть は第2変化と第1変化が混ざり合った不規則変化動詞である。

61 接頭辞＋運動の動詞

1. Сего́дня у́тром они́ **вошли́** в аудито́рию по́сле звонка́.
   今日の朝、彼らは、ベルが鳴ってから教室に入ってきた。

2. Они́ ча́сто **вхо́дят** в аудито́рию по́сле звонка́.
   彼らは、よくベルが鳴ってから教室に入ってくる。

3. Он **пришёл** к нам в 9 (де́вять) часо́в.
   彼は、9時に私たちの所に（歩いて）やって来た。

4. Он ча́сто **прихо́дит** к нам.
   彼は、よく私たちの所に（歩いて）やって来る。

5. Он уже́ **ушёл** с рабо́ты.
   彼は、もうすでに職場から去った（職場を出た）。

6. Обы́чно он **ухо́дит** с рабо́ты по́здно.
   普段、彼は、遅く職場から去る（職場を出る）。

7. Сего́дня он **принёс** свой компью́тер на рабо́ту.
   今日、彼は、自分のコンピュータを職場に持ってきた。

8. Он ча́сто **прино́сит** свой компью́тер на рабо́ту
   彼は、よく職場に自分のコンピュータを持ってくる。

   *   *   *

9. Сего́дня он **пошёл** на рабо́ту о́чень ра́но.
   今日、彼は、とても早く職場に出かけた。

10. Он **походи́л** по го́роду. 彼は、しばらく町を歩き回った。

11. Я **схожу́** за напи́тками. 飲み物を買いに行ってきます。

参考 сходи́ть 完 と съе́здить 完 などについて （例文 11）

　ходи́ть や е́здить などの不定動詞に接頭辞-c が付加されると、「これから行われる未来の1回の往復動作」を表す完了体動詞となる。

不定動詞	c＋不定動詞	備考（似た語形の不完了体動詞）
ходи́ть 不完	сходи́ть 完 歩いて行ってくる	сойти́ 「（歩いて）降りる」のペアの сходи́ть 不完
е́здить 不完	съе́здить 完 乗り物で行ってくる	съе́хать 「（乗り物で）降りる」のペアの съезжа́ть 不完
бе́гать 不完	сбе́гать 完 走って行ってくる	сбежа́ть 「（走って）降りる」のペアの сбега́ть 不完

解説

（1）接頭辞付きの運動の動詞

定動詞、不定動詞の区別のある動詞（運動の動詞）は、ともに不完了体だが、それぞれに接頭辞がつくと、新しい意味の動詞の完了体と不完了体のペアができる。

新しくできた「接頭辞付きの運動の動詞」には、定動詞、不定動詞の意味の区別はなくなる点にも注意。

① **идти́**（定動詞）、**ходи́ть**（不定動詞）に接頭辞が付加された動詞（例文1～6）

接頭辞の意味 （運動の動詞に付く場合）	完了体動詞	不完了体動詞	意味	備考
в- (во-) 「中へ」	**войти́**※	**входи́ть**	入る	・идти́は、接頭辞が付くと-йти́ (-йти)となる。
вы- (вы-※) 「外へ」	**вы́йти**	**выходи́ть**	出る	・接頭辞 вы-がついた動詞が完了体動詞の場合、接頭辞 вы-には常にアクセントがある。
до- 「～まで」	**дойти́**	**доходи́ть**	～まで行く	
пере- 「横切って」	**перейти́**	**переходи́ть**	横切る	
под- (подо-) 「近くへ」	**подойти́**	**подходи́ть**	近づく	
при- 「到着」	**прийти́**	**приходи́ть**	到着する	
у- 「離れて」	**уйти́**	**уходи́ть**	去る	

② 定動詞・不定動詞に、接頭辞 **при-**（「到着」の意味）が付加された動詞（例文7,8）

定動詞 / 不定動詞	完了体動詞	不完了体動詞	意味	備考（語幹の変化など）
идти́/ходи́ть	прийти́	приходи́ть	（歩いて）到着する	идти́ ⇒ -йти́
е́хать/е́здить	прие́хать	приезжа́ть	（乗り物で）到着する	е́здить ⇒ -езжа́ть
бежа́ть/бе́гать	прибежа́ть	прибега́ть	走り着く	бе́гать ⇒ -бега́ть
вести́/води́ть	привести́	приводи́ть	連れてくる	
нести́/носи́ть	принести́	приноси́ть	持ってくる	
везти́/вози́ть	привезти́	привози́ть	（乗り物で）運んで来る	
лете́ть/лета́ть	прилете́ть	прилета́ть	飛来する	

（2）接頭辞 по-が付いた運動の動詞

定動詞に付いた場合、「出発」を表す完了体動詞が形成される。一方、接頭辞 по-が不定動詞に付いた場合は、「限定された時間の持続」を表す完了体動詞が形成される。両者とも完了体動詞であることに注意。（例文9,10）

定動詞／不定動詞	「出発」を表す完了体動詞	「しばらくの間行われる動作」を表す完了体動詞
идти́/ходи́ть	**пойти́** 完 （歩いて）出発する	**походи́ть** 完 しばらくの間歩き回る
е́хать/е́здить	**пое́хать** 完 （乗り物で）出発する	**пое́здить** 完 （乗り物で）しばらくの間行く
бежа́ть/бе́гать	**побежа́ть** 完 走り出す	**побе́гать** 完 しばらくの間走り回る
лете́ть/лета́ть	**полете́ть** 完 飛び立つ	**полета́ть** 完 しばらくの間飛ぶ

接頭辞＋運動の動詞 **133**

62

副動詞

（1）不完了体副動詞 ；　述語動詞の表す動作と同時に行われる動作を表す。

1. Он <u>слу́шает</u> му́зыку, **чита́я** журна́л.
 = Он чита́ет журна́л и слу́шает му́зыку.
  彼は雑誌を読みながら、音楽を聴いている。

2. Он <u>слу́шал</u> му́зыку, **чита́я** журна́л.
 = Он чита́л журна́л и слу́шал му́зыку.
  彼は雑誌を読みながら、音楽を聴いていた。

3. Он <u>бу́дет слу́шать</u> му́зыку, **чита́я** журна́л.
 = Он бу́дет чита́ть журна́л и слу́шать му́зыку.
  彼は雑誌を読みながら、音楽を聴くだろう。

（2）完了体副動詞 ；述語動詞の表す動作の前に完了した動作を表す。

4. **Прочита́в** журна́л, он пойдёт на у́лицу.
 = Когда́ он прочита́ет журна́л, он пойдёт на у́лицу.
  彼は、雑誌を読んでしまってから、外に出かけるだろう。

5. **Прочита́в** журна́л, он пошёл на у́лицу.
 = Когда́ он прочита́л журна́л, он пошёл на у́лицу.
  彼は、雑誌を読んでしまってから、外に出かけた。

（3）副動詞の「時」以外の意味

6. Не **зна́я** его́ а́дреса, я не могу́ посла́ть ему́ письмо́. ＜理由＞
 = Так как я не зна́л его́ а́дреса, я не могу́ посла́ть ему́ письмо́.
  私は彼の住所を知らないので、彼に手紙を送ることができない。

7. **Получи́в** каку́ю-нибудь информа́цию об экза́менах, Вы должны́ сообщи́ть её мне. ＜条件＞
= Éсли Вы полу́чите каку́ю-нибудь информа́цию об экза́менах, Вы должны́ сообщи́ть её мне.
  あなたが試験に関する何らかの情報を得たら、私に知らせなければならない。

（4）副動詞を含む慣用表現

8. **Коро́че говоря́**, Москва́ – друга́я плане́та.
  手短に言えば、モスクワは異なる惑星である。
※говоря́は、他の様々な副詞を伴い、多くの慣用表現をつくる。

 открове́нно говоря́ （率直に言えば）、вообще́ говоря́ （一般的に言えば）等

解説

（1）副動詞
1．副詞の性質を併せ持つ動詞の語形、用法は英語の分詞構文に対応する。
2．不完了体副動詞と完了体副動詞の 2 種類の副動詞がある。

（2）副動詞の意味と用法
1．副動詞の動作主体は、主節の主語と同じである。
2．不完了体副動詞は、述語動詞の表す動作と同時に行われる動作を表す。（例文 1～3）
3．完了体副動詞は、述語動詞の表す動作の前に完了した動作を表す。（例文 4, 5）
4．文脈によっては、理由（例文 6）、条件（例文 7）、譲歩などの意味になることがある。

（3）副動詞の作り方
1．不完了体副動詞　　※原則として、アクセントは1人称単数形と同じ

不完了体動詞の不定形	現在語幹 (3 人称複数語尾)	不完了体副動詞	備　考
читáть 読む	читá(ют)	читáя	
говори́ть 話す	говор(я́т)	говоря́	
спеши́ть 急ぐ	спеш(áт)	спешá	正書法の規則が働く
возвращáться 戻る	возвращá(ют)ся	возвращáясь	
стоя́ть 立っている	сто(я́т)	стóя	アクセント移動
лежáть 横たわっている	леж(áт)	лёжа	例外（е→ё）
давáть 与える	да(ю́т)	давáя	例外（過去語幹＋-я）
быть ある、～である	бýд(ут)	бýдучи	特殊

2．完了体副動詞　　※原則として、アクセントは男性過去形と同じ

完了体動詞の不定形	過去語幹 (過去語尾)	完了体副動詞	備　考
прочитáть 読む	прочита(л)	прочитáв(ши)	普通、-в を用いる。-вши は稀用
сказáть 話す	сказá(л)	сказáв(ши)	
вернýться 戻る	верну(л)ся	вернýвшись	-ся 動詞は、常に-вшись
вы́расти 成長する	вы́рос	вы́росши	過去語幹が子音で終わる場合は、-ши を用いる
замёрзнуть 凍える	замёрз	замёрзши	

※ войти́, перевести́のような不定形が-ти́で終わる完了体動詞は、完了体であっても、不完了体動詞と同じ要領で、副動詞を作る場合が多い。

войти́ — войдя́,　перевести́ — переведя́

（4）副動詞から派生した前置詞、副詞

включáя＋対格「～を含めて」、　несмотря́ на＋対格「～にもかかわらず」、
благодаря́＋与格「～のおかげで」、　спустя́＋対格「～後に」、　шутя́「冗談に」

63　形動詞① （能動形動詞）

1. У нас в университе́те есть студе́нт, хорошо́ **говоря́щий** по-ру́сски.

   = У нас в университе́те есть студе́нт, кото́рый хорошо́ говори́т по-ру́сски.

   私たちの大学にはロシア語を上手にしゃべる学生がいる。

2. Я зна́ю студе́нта, **чита́ющего** кни́гу там.

   = Я зна́ю студе́нта, кото́рый чита́ет кни́гу там.

   私はあそこで本を読んでいる学生を知っている。

3. У меня́ есть подру́га, **живу́щая** в Москве́.

   = У меня́ есть подру́га, кото́рая живёт в Москве́.

   私にはモスクワに住んでいる友人がいる。

4. Он хорошо́ зна́ет исто́рию ци́рка, **находя́щегося** в Москве́.

   = Он хорошо́ зна́ет исто́рию ци́рка, кото́рый нахо́дится в Москве́.

   彼は、モスクワにあるサーカスの歴史を良く知っている。

　　　　　　　＊　　　　　　　　　　＊　　　　　　　　　　＊

5. Студе́нт, **чита́вший** в библиоте́ке, у́чится лу́чше всех у нас в гру́ппе.

   = Студе́нт, кото́рый чита́л в библиоте́ке, у́чится лу́чше всех у нас в гру́ппе.

   図書館で本を読んでいた学生は私たちのクラスで一番成績が良い。

6. Вы не зна́ете, как зову́т студе́нта, **спа́вшего** там?

   = Вы не зна́ете, как зову́т студе́нта, кото́рый спал там?

   あそこで眠っていた学生の名前が何であるか知っていませんか。

7. Ему́ понра́вилась студе́нтка, **прие́хавшая** из Росси́и.

   = Ему́ понра́вилась студе́нтка, кото́рая прие́хала из Росси́и.

   彼はロシアからやってきた女子学生が気に入った。

8. Я зна́ю де́вочку, **принёсшую** к нам магнитофо́н.

   = Я зна́ю де́вочку, кото́рая принесла́ к нам магнитофо́н.

   私は、私たちの所にテープレコーダーを持ってきた女の子を知っている。

解説

（1）形動詞

1．動詞から派生し、形容詞と同じように名詞を修飾する。
2．形容詞と同様に、性・数・格による変化をする。

（2）形動詞の種類；能動と被動、現在と過去の区別がある。

		派生する体	例	意味	備考
能動形動詞	現在	不完了体	**чита́ющий**	読んでいる～	短語尾なし
	過去	不完了体	**чита́вший**	読んでいた～	
		完了体	**прочита́вший**	読み終えた～	
被動形動詞	現在	不完了体	**чита́емый**	読まれている～	短語尾あり（稀用）
	過去	完了体	**прочи́танный**	読み終えられた～	短語尾あり（ 65 を参照）

※ 被動形動詞に関しては、 64 を参照

（3）能動形動詞の作り方

1．能動形動詞現在 （例文 1～4）

	不定形	現在語幹 (3人称複数語尾)	能動形動詞現在	備考
不完了体	чита́ть	чита́(ют)	**чита́ющий**	アクセントは不定形に一致する場合が多い。
	говори́ть	говор(я́т)	**говоря́щий**	
	находи́ться	нахо́д(ят)ся	**находя́щийся**	

2．能動形動詞過去 （例文 5～8）

	不定形	過去語幹 (過去男性語尾)	能動形動詞過去	備考
不完了体	чита́ть	чита́(л)	**чита́вший**	
	говори́ть	говори́(л)	**говори́вший**	
	идти́	шё(л)	**ше́дший**	特殊型変化
完了体	прочита́ть	прочита́(л)	**прочита́вший**	
	сказа́ть	сказа́(л)	**сказа́вший**	
	принести́	принёс	**принёсший**	過去語幹が子音で終わる場合
	вы́сохнуть	вы́сох	**вы́сохший**	

（注意 1）-ся 動詞の能動形動詞は、-ся が母音の後に来る場合でも、-сь とはならず、常に -ся となる。 （例文 4）

（注意 2）能動形容詞の変化は、形容詞混合変化 хоро́ший と同様（ 41 を参照）。

（4）能動形動詞から派生した形容詞、名詞

бу́дущий 形 未来の（← быть）	бу́дущее 名 未来（← быть）
настоя́щий 形 現在の（← настоя́ть）	настоя́щее 名 現在（← настоя́ть）
сле́дующий 形 次の（← сле́довать）	уча́щийся 名 生徒（← учи́ться）
бы́вший 形 かつての（← быть）	слу́жащий 名 勤め人（← служи́ть）

形動詞①（能動形動詞）　　137

64 形動詞②（被動形動詞）

1. Это журна́л, **чита́емый** *детьми́.*
   = Это журна́л, кото́рый чита́ют де́ти.
   = Это журна́л, кото́рый чита́ется *детьми́.*
   これは子供達に読まれている雑誌です。

2. Это кафе́, **люби́мое** *писа́телями.*
   = Это кафе́, кото́рое лю́бят писа́тели.
   = Это кафе́, кото́рое лю́бится *писа́телями.*
   これは作家達によって愛されているカフェです。

        *   *   *

3. Я чита́ю кни́гу, **напи́санную** *на́шим профе́ссором.*
   = Я чита́ю кни́гу, кото́рую написа́л наш профе́ссор.
   = Я чита́ю кни́гу, кото́рая напи́сана[※] *на́шим профе́ссором.*
   私は私たちの教授によって書かれた本を読んでいる。

4. Это ма́ло **изу́ченный** вопро́с.
   = Это вопро́с, кото́рый ма́ло изучи́ли.　　＜不定人称文＞
   = Это вопро́с, кото́рый ма́ло изу́чен[※].
   これはほとんど研究されていない問題である。

5. Зако́н, **откры́тый** *э́тим учёным,* сыгра́л огро́мную роль в разви́тии нау́ки.
   = Зако́н, кото́рый откры́л э́тот учёный, сыгра́л огро́мную роль в разви́тии нау́ки.
   = Зако́н, кото́рый откры́т[※] *э́тим учёным,* сыгра́л огро́мную роль в разви́тии нау́ки.
   この学者によって発見された法則は科学の発展に多大の役割を果たした。

（注意1）※印は、被動形動詞過去短語尾形；| 65 |を参照

（注意2）斜字体の語句のように、受動文の動作主は、造格（「～によって」の意）で表される。

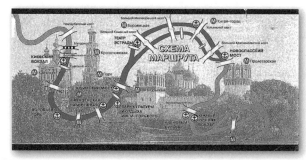

биле́т на речны́е прогу́лки
по Москве́-реке́

（モスクワ川周遊のチケット）

解説

（1）被動形動詞の作り方

1．被動形動詞現在（例文 1,2）；不完了体動詞から作られる。

不定形	現在語幹（1人称複数語尾）	被動形動詞現在	備考
чита́ть	чита́(ем)	чита́емый	アクセントは不定形に一致する。
люби́ть	лю́б(им)	люби́мый	
дава́ть	да(ём)	дава́емый	例外

2．被動形動詞過去（例文 3~5）；完了体動詞から作られる

語末	不定形	過去語幹（過去語尾）/1人称単数現在	被動形動詞過去	備考
-ать (-ять)	прочита́ть	прочита́(л)	прочи́танный	1. -ать,-ять,-еть で終わる動詞の被動形動詞過去は、過去語幹に-нный を付す
	написа́ть	написа́(л)	напи́санный	
	потеря́ть	потеря́(л)	поте́рянный	2. 語幹末の音韻交替は起こらない
-еть	уви́деть	уви́де(л)	уви́денный	
	осмотре́ть	осмотре́(л)	осмо́тренный	
-ить	изучи́ть	изучи́(л) / изучу́	изу́ченный	1. 1人称単数現在の語幹末で音韻交替する場合、被動形動詞過去も同じ音韻交替をする
	постро́ить	постро́и(л)/постро́ю	постро́енный	
	заплати́ть	заплати́(л) /заплачу́	запла́ченный	2. -енный の部分はアクセントがある場合、-ённый になる
	купи́ть	купи́(л) /куплю́	ку́пленный	
	защити́ть	защити́(л)/защищу́	защищённый	
	освободи́ть	освободи́(л)/освобожу́	освобожждённый	(例外) ж→жд
-крыть -быть -(н)ять -бить -вить -лить -деть -нуть	откры́ть	откры́(л)	откры́тый	1. -тый となるのは非生産型
	забы́ть	забы́(л)	забы́тый	
	заня́ть	за́ня (л)	за́нятый	2. -крыть,-(н)ять、-быть,-бить,-деть などに接頭辞が付いた動詞や接尾辞-ну-を持つ動詞の被動形動詞は、語末が-тый となる
	уби́ть	уби́(л)	уби́тый	
	разви́ть	разви́(л)	ра́звитый	
	зали́ть	за́лил	за́литый	
	оде́ть	оде́(л)	оде́тый	
	поки́нуть	поки́ну(л)	поки́нутый	

※ 被動形動詞過去では、アクセントが不定形よりも一つ前の母音に移動するものが多い。

（2）被動形動詞から派生した形容詞、名詞

люби́мый 形 好きな (←люби́ть)	ископа́емое 名 鉱物 (←ископа́ть)
уважа́емый 形 尊敬すべき (←уважа́ть)	заключённый 名 囚人 (←заключи́ть)
образо́ванный 形 教養のある (←образова́ть)	да́нные 名 データ (←дать)

65 被動形動詞過去短語尾、受動表現

1. Э́тот дом уже́ **постро́ен**. <small>被動形動詞過去短語尾 ＜状態＞</small>
   ≒ Э́тот дом уже́ **постро́или**. <small>不定人称文 ＜動作の結果＞</small>
   この家はもう建設されて出来上がっている。

2. Э́тот дом был **постро́ен** два го́да наза́д. <small>被動形動詞過去短語尾 ＜動作＞</small>
   ≒ Э́тот дом уже́ **постро́или** два го́да наза́д. <small>不定人称文　＜動作＞</small>
   この家は２年前に建設された。

3. Тогда́ э́тот дом был уже́ **постро́ен**. <small>被動形動詞過去短語尾　＜状態＞</small>
   当時この家はもう出来上がっていた。

4. Э́тот дом бу́дет **постро́ен** в сле́дующем ме́сяце.
   <small>被動形動詞過去短語尾　＜動作＞</small>
   ≒ Э́тот дом **постро́ят** в сле́дующем ме́сяце. <small>不定人称文　＜動作＞</small>
   この家は来月出来上がるだろう。

5. К концу́ ме́сяца э́тот дом бу́дет **постро́ен**.
   <small>被動形動詞過去短語尾 ＜状態＞</small>
   ≒ К концу́ ме́сяца э́тот дом **постро́ят**. <small>不定人称文　＜動作の結果＞</small>
   月末までには、この家は出来上がっているだろう。

＊　　　　　　　＊　　　　　　　＊

6. В Москве́ **стро́ится** но́вый собо́р. <small>ся 動詞 ＜動作の過程＞</small>
   ≒ В Москве́ **стро́ят** но́вый собо́р. <small>不定人称文 ＜動作の過程＞</small>
   モスクワでは新しい大聖堂が建てられつつある。

7. В Москве́ **стро́ился** но́вый собо́р. <small>ся 動詞 ＜動作の過程＞</small>
   ≒ В Москве́ **стро́или** но́вый собо́р. <small>不定人称文 ＜動作の過程＞</small>
   モスクワでは新しい大聖堂が建てられつつあった。

8. В Москве́ бу́дет **стро́иться** но́вый собо́р. <small>ся 動詞 ＜動作の過程＞</small>
   ≒ В Москве́ бу́дут **стро́ить** но́вый собо́р. <small>不定人称文 ＜動作の過程＞</small>
   モスクワでは新しい大聖堂が建てられつつあるだろう。

※ロシア語の-**ся** 動詞や被動形動詞による受動文の動作主を表す「〜によって （=by〜）」の部分は造格で表わされる。

Э́тот дом стро́ится <u>Анто́ном</u>. この家はアントンによって建てられつつある。
Э́тот дом постро́ен <u>Анто́ном</u>. この家はアントンによって建てられた。

解説

（1）被動形動詞過去短語尾

被動形動詞過去長語尾	被動形動詞過去短語尾			
	男　性	中　性	女　性	複　数
прочи́танный	прочи́тан	прочи́тано	прочи́тана	прочи́таны
постро́енный	постро́ен	постро́ено	постро́ена	постро́ены
запла́ченный	запла́чен	запла́чено	запла́чена	запла́чены
откры́тый	откры́т	откры́то	откры́та	откры́ты
забы́тый	забы́т	забы́то	забы́та	забы́ты

（2）ロシア語の受動表現（まとめ）

		例　文	備　考
完了体	被動形動詞	Дом постро́ен. 家が建設されて出来上がっている。 Дом был постро́ен. 　家が建設された／建設されて出来上がっていた。 Дом бу́дет постро́ен. 家が建設されて出来上が 　るだろう／出来上がっているだろう。	1.「動作」だけでなく、「状態」の意味を持つ場合がある。 2. 元になる完了体動詞とは異なり、現在時制でも用いられる。
	不定人称文	Дом постро́или. 　家が建設された／建設されて出来上がっている。 Дом постро́ят. 　家が建設されて出来上がるだろう。	「動作」の意味のみ。しかし、完了体動詞は「動作の結果」を表すこともあるので、「状態」の意味に近い場合もある。
不完了体	-ся動詞	Дом стро́ится. 家は建設されつつある。 Дом стро́ился. 家は建設されつつあった。 Дом бу́дет стро́иться. 　家は建設されつつあるだろう。	1. 主語は不活動体に限られる。 2. -ся 動詞が受け身の意味で用いられるのは不完了体動詞の場合に限られる。
	不定人称文	Дом стро́ят. 家は建設されつつある。 Дом стро́или. 家は建設されつつあった。 Дом бу́дут стро́ить. 　家は建設されつつあるだろう。	-ся 動詞による受動構文よりも頻繁に用いられる。

※-СЯ 動詞に関しては 57 、不定人称文に関しては 70 を参照

НИКТО́ НЕ ЗАБЫ́Т,
НИЧТО́ НЕ ЗАБЫ́ТО.

（誰も忘れ去られていない、
何も忘れ去られていない）

被動形動詞過去短語尾、受動表現　　141

仮定法

1. **Éсли** за́втра **бу́дет** хоро́шая пого́да, мы **пойдём** в похо́д.
明日天気が良ければ、私たちは、ハイキングに出かけます。　<直説法；未来の予想>

*　　　　　　　　*　　　　　　　　*

2. **Éсли бы** вчера́ **была́** хоро́шая пого́да, мы **пошли́ бы** в похо́д.
昨日天気が良かったら、ハイキングに出かけたのに。
<仮定法；過去の事実に反する仮定>

3. **Éсли бы** сего́дня **была́** хоро́шая пого́да, мы **пошли́ бы** в похо́д.　今日天気が良ければ、ハイキングに出かけるのだが。
<仮定法；現在の事実に反する仮定>

4. **Éсли бы** за́втра **была́** хоро́шая пого́да, мы **пошли́ бы** в похо́д.　明日、万一天気が良ければ、ハイキングに出かけるのだが。
<仮定法；未来に起こり得ない事を仮定>

*　　　　　　　　*　　　　　　　　*

5. Мы обы́чно оставля́ем ключ у дежу́рной **(для того́), что́бы** го́рничная **могла́** убра́ть наш но́мер.
普段、私達は、部屋係が部屋を掃除できるよう、フロアの係員の所に鍵を置いていきます。

6. Я сейча́с позвоню́ в больни́цу **(для того́), что́бы** узна́ть, как чу́вствует себя́ Та́ня.
私は、ターニャの具合を知るために、これからすぐに病院に電話します。

7. Сего́дня он е́здил в универма́г **(для того́, что́бы) купи́ть** пальто́.　今日、彼は、コートを買うために、デパートに行って来た。

*　　　　　　　　*　　　　　　　　*

8. А́ня **сказа́ла, что́бы** я **позвони́л (/позвони́ла)** Ни́ие.
アーニャは、私がニーナに電話するように言った。

9. Он **попроси́л** меня́, **что́бы** я **познако́мил (/познако́мила)** его́ со свое́й сестро́й.　彼は、自分を私の姉妹に紹介するよう、私に頼んだ。

10. Мои́ роди́тели **хотя́т, что́бы** я **поступи́л (/поступи́ла)** в медици́нский институ́т.　両親は私に医科大学に入ってもらいたがっている。

11. **Жела́тельно, что́бы** все студе́нты **уча́ствовали** в ко́нкурсе.
学生たち全員がコンクールに参加するのが望ましい。

解説

（１）法；話者が述べる時の気持ちの違いを表すために用いられる動詞の語形の区別

> ・直説法：話者が現在、過去、未来における事実をありのままに述べる
> ・仮定法：話者が或る仮定の下に、事柄を述べる
> ・命令法：話者の要望や指示を述べる

（２）基本的な仮定法（例文 2, 3, 4）

> Éсли бы 主語 ＋ 動詞（過去形）, 主語 ＋ 動詞（過去形）бы

※бы は、母音の後では б となることがある。

1．仮定法は、過去、現在の事実に反する仮定を表す（例文 2, 3）。未来に起こり得ないようなことを仮定して述べるときにも仮定法が用いられることがまれにある（例文 4）。
2．未来の予想は、普通、直説法が用いられる（例文 1）。
3．主節の бы は、中心となる単語（普通、動詞）の直後に置かれる。
4．接続詞 éсли（もし〜すれば）で始まる節のない仮定法の文や、éсли で始まる節だけで、主節のない仮定法の文などの不完全な仮定法の文も多い。

> **Я пошёл бы** с удово́льствием. 私だったら喜んで行ったのだが。

> **Éсли бы** мы зна́ли его а́дрес. 彼の住所を知っていれば良かったんだが。

5．丁寧で控えめな感じを与える仮定法の用法もある。

> **Я хоте́л бы** поговори́ть с Ва́ми. あなたとお話がしたいのですが。
> ＜「もしよろしければ」という仮定の部分が伏せられている＞

（３）чтобы を用いる仮定法

1．目的「〜するために、〜するように」（例文 5, 6, 7）

主節と **чтобы** の節の主語が異なる場合		主語＋述語＋(для того), чтобы 主語＋過去形	例文 5
主節の主語と **чтобы** の節の主語が同一の場合	述語が運動の動詞以外	主語＋述語＋(для того), чтобы 不定形（原形）	例文 6
	述語が運動の動詞	主語＋述語＋(для того, чтобы) 不定形（原形）	例文 7

2．願望、要求（例文 8, 9, 10）
・говори́ть/сказа́ть, чтобы 主語＋動詞（過去形）　（＝tell＋目的語＋to 不定詞）
　「〜に…するように言う」（例文 8）
・проси́ть/попроси́ть, чтобы 主語＋動詞（過去形）　（＝ask＋目的語＋to 不定詞）
　「〜に…するように頼む」（例文 9）
・хоте́ть, чтобы 主語＋動詞（過去形）　（＝want＋目的語＋to 不定詞）
　「〜に…してもらいたい」（例文 10）
・ну́жно, чтобы 主語＋動詞（過去形）　（＝It is necessary that 主語＋(should) 不定形）
　「〜する必要がある」
・жела́тельно, чтобы 主語＋動詞（過去形）　（＝It is desirable that 主語＋(should) 不定形）
　「〜するのが望ましい」（例文 11）

仮定法　143

67 命令法

1. Чита́й(те) ме́дленно. ゆっくり読みなさい（/読んでください）。

2. Приходи́(те) ко мне. 私の所に来なさい（/来てください）。

3. Отве́ть(те) на вопро́с. 質問に答えなさい（/答えてください）。

*   *   *

4. Дава́й пойдём домо́й. 家に帰ろう。
   = Пойдём домо́й.

5. Дава́йте пойдём домо́й. 家に帰りましょう。
   = Пойдёмте домо́й.

6. Дава́й начина́ть собра́ние. 会議を始めることにしよう。
   = Дава́й **бу́дем** начина́ть собра́ние.
   = **Бу́дем** начина́ть собра́ние.

7. Дава́йте начина́ть собра́ние. 会議を始めることにしましょう。
   = Дава́йте **бу́дем** начина́ть собра́ние.
   = **Бу́демте** начина́ть собра́ние.

*   *   *

8. Дава́йте познако́**мимся**. お知り合いになりましょう。

9. Дава́йте спо**ём**. 歌いましょう。

参考 ｜ 3人称の命令形

> пусть ＋ 3人称の主語 ＋ 動詞（現在形か未来形）　（〜に...させなさい）

Пусть он позвони́т. 彼に電話させなさい。

Пусть они́ не умру́т. 彼らを死なせるな。

（注意1）願望、欲求の意味が加わることもある。
　Пусть всегда́ **бу́дет** со́лнце. いつも太陽が出ていて欲しい。

（注意2）пусть の代わりに пуска́й が用いられることがある。

（1）命令形（例文 1〜3）

不定形	2 人称単数現在形	現在語幹	語幹末	アクセント （1 人称単 数現在形）	命令形の 語尾	命令形
чита́ть слу́шать сове́товать откры́ть стоя́ть	**чита́ешь** **слу́шаешь** **сове́туешь** **откро́ешь** **сто́ишь**	чита́ слу́ша сове́ту откро́ сто	母音	語幹	-й(те)	чита́й(те) слу́шай(те) сове́туй(те) откро́й(те) сто́й(те)
дава́ть встава́ть	**даёшь** **встаёшь**	да вста				дава́й(те)[※] встава́й(те) [※]
говори́ть брать извини́ть сказа́ть подожда́ть	**говори́шь** **берёшь** **извини́шь** **ска́жешь** **подождёшь**	говор бер извин скаж подож	子音	語尾	-и́(те)	говори́(те) бери́(те) извини́(те) скажи́(те) подожди́(те)
отве́тить быть пла́кать познако́миться	**отве́тишь** **бу́дешь** **пла́чешь** познако́мишься	отве́т бу́д пла́ч познако́м	子音 (1つ)	語幹	-ь(те)	отве́ть(те) бу́дь(те) пла́чь(те) познако́мься (познако́мьтесь)
по́мнить ко́нчить	**по́мнишь** **ко́нчишь**	по́мн ко́нч	子音 (2つ 以上)	語幹	-и(те)	по́мни(те) ко́нчи(те)

※ дава́йте, встава́йте は例外（現在語幹ではなく不定形語幹から形成されている）

（注意 1）-те を付けると、вы に対する命令形になる。
（注意 2）命令形のアスペクト（詳しくは、p.127 の 2 を参照）
　　　・不完了体動詞の命令形：反復、習慣的動作
　　　・完了体動詞の命令形：1 回限りの具体的な動作

（2）勧誘形（例文 4〜7）

	вы に対する勧誘形	ты に対する勧誘形
完了体動詞 （例 послу́шать）	дава́йте послу́шаем послу́шаемте	дава́й послу́шаем послу́шаем
不完了体動詞 （例 слу́шать）	дава́йте слу́шать дава́йте бу́дем слу́шать бу́демте слу́шать	дава́й слу́шать дава́й бу́дем слу́шать бу́дем слу́шать

（注意 1）完了体動詞の勧誘形は、「1 回限りの具体的な動作の誘いかけ」を表す
（注意 2）不完了体動詞の勧誘形は、「動作（過程）そのものの誘いかけ」を表す

68　前置詞① (空間、原因・理由、その他)

空間、原因・理由などを表す前置詞

	格	前置詞		例
空間	生格	из (изо)	～の中から	достáть рýчку **из кармáна** ポケットの中からペンを取り出す
			～から	прийтú домóй **из шкóлы**　学校から家に帰る
		с (со)	～の上から	убрáть посýду **со столá** テーブルから食器を片づける
			～から	прийтú домóй **с рабóты**　職場から家に帰る
		от (ото)	(始点) から	недалекó **от стáнции**　駅から遠くないところに
			(人) の所から	письмó **от Áнны**　アンナからの手紙
		до	～まで	éхать от Москвы́ **до Кúева** モスクワからキエフに行く
		из-за	～の後ろから	приéхать **из-за границы**　外国からやって来る
		из-под (из-подо)	～の下から	**вы́ползти из-под столá** テーブルの下から這い出す
		о̀коло	～のそばで	остановúться **о̀коло пóчты** 郵便局のそばで止まる
		у	～のそばで	сидéть **у окнá**　窓辺で座っている
			(人) の所で	жить **у родúтелей**　両親の所で生活している
		средú	～の中央に	стоя́ть **средú кóмнаты**　部屋の中央に立っている
	与格	к (ко)	～の近くへ	подойтú **к столý**　テーブルの方に近づく
			(人) の所へ	прийтú **к нам**　私たちの所へやってくる
		по	～に沿って	идтú **по ýлице**　通りを歩く
	対格	в (во)	～の中へ	войтú **в кóмнату**　部屋の中へ入る
			～へ	éхать **в** центр гóрода　都心へ行く
		на	～の上へ	положúть тетрáдь **на** стол 机の上へノートを置く
			～へ	éхать **на** рабóту　職場へ行く
		под (подо)	～の下へ	положúть чемодáн **под** стол 机の下へトランクを入れる
		за	～の後ろへ	спря́таться **за** дéрево　木の陰へ隠れる
		чѐрез (чѐрезо)	～を横切って	перейтú **чѐрез ýлицу**　通りを横切る
			～を経由して	летéть в Лóндон **чѐрез** Москвý モスクワ経由でロンドンに飛ぶ

空間	造格	за	〜の後ろに	**жить за рекóй** 川向こうに住んでいる
		над (надо)	〜の上方に	**летáть над пáрком** 公園の上を飛んでいる
		под (подо)	〜の下方に	**отдыхáть под дéревом** 木の下で休む
		мѐжду	〜の間に	**сидéть мѐжду пáпой и мáмой** パパとママの間に座っている
		пѐред (пѐредо)	〜の前に	**стоя́ть пѐред дóмом** 家の前に止まっている
	前置格	в (во)	〜の中で	**лежáть в столé** 机の中にある
			〜で	**занимáться в библиотéке** 図書館で勉強する
		на	〜の上で	**лежáть на столé** 机の上にある
			〜で	**рабóтать на завóде** 工場で働く
原因・理由	生格	от (ото)	〜のために	**дрожáть от хóлода** 寒さでふるえる <無意識の行為の原因>
		из (изо)	〜のために	**спроси́ть из любопы́тства** 好奇心で尋ねる <意識的な行為の原因>
		из-за	〜のために	**перенести́ из-за дождя́** 雨で延期する <良くない行為の原因>
	与格	благодаря́	〜のおかげで	**удáться благодаря́ егó пóмощи** 彼の援助のおかげで成功する
		по	〜のために	**по техни́ческим причи́нам** 技術的な理由のため
その他	生格	без (безо)	〜なしで	**рабóтать без óтдыха** 休みなく働く
		для	〜ために、	**кни́ги для детéй** 子供のための本 <用途、目的>
		вмéсто	〜の代わりに	**учáствовать вмéсто негó** 彼の代わりに出席する
		крòме	〜以外に	**в любóй день крòме среды́** 水曜以外の何時でも
		прòтив	〜に反対して	**срéдство прòтив насекóмых** 殺虫剤
	与格	по	〜で	**отпрáвить по пóчте** 郵便で送る
	対格	за	〜ために	**борóться за свобóду** 自由のために戦う <行動の目的、支持、代償>
	造格	с (со)	〜とともに 〜と一緒に	**ходи́ть с Тáней** ターニャと一緒に通う
	前置格	о (об, обо)	〜について	**рассказáть о Росси́и** ロシアについて語る
		при	〜に付属して	**библиотéка при университéте** 大学付属図書館

※ 前置詞 в, с, к などは、2個以上の子音の前で（特に、語頭の子音がそれぞれ в, с, к の場合）、во, со, ко となることが多い。 例 во Влади́мир, ко мне

69

前置詞② (時、時間)、接続詞

時、時間を表す前置詞

格	前置詞		例
生格	до	〜まで	**до** четырёх часо́в 4時まで、 **до** ве́чера 晩まで
		〜の前に	**до** войны́ 戦前に、 **до** револю́ции 革命前に
	по́сле	〜の後に	**по́сле** войны́ 戦後に、 **по́сле** обе́да 昼食後に
	с (со)	〜から	**с** двух часо́в 2時から、 **с** утра́ до ве́чера 朝から晩まで、 **с** шести́ до десяти́ часо́в 6時から10時まで
与格	к (ко)	〜までに	**к** девяти́ часа́м 9時までに
		〜の近くに	**к** ве́черу 夕方近くに
	по	〜毎に	**по** суббо́там 土曜日毎に
対格	в (во)	〜に	**в** два часа́ 2時に、 **в** сре́ду 水曜日に、 **в** э́тот день この日に
	на	〜に	**на** сле́дующий день その次の日に
		〜の予定で	уе́хать **на** ме́сяц 1ヶ月の予定で出かける
	че́рез (че́резо)	〜後に	**че́рез** два ме́сяца 2ヶ月後に、 **че́рез** пять мину́т **по́сле** нача́ла рабо́ты 仕事開始5分後に
	за	(時間)で	прочита́ть кни́гу **за** пять часо́в 5時間で本を読み終える **за** час **до** нача́ла рабо́ты 仕事開始1時間前に
	по	〜まで	де́йствовать **по** второ́е сентября́ 9月2日まで有効である <この場合、2日を含む>
造格	пе́ред (пе́редо)	〜の直前に	**пе́ред** войно́й 戦争の直前に
	ме́жду	〜の間に	**ме́жду** двумя́ и девятью́ часа́ми 2時と9時の間に
	за	〜中に	бесе́довать **за** ча́шкой ча́я 一杯の紅茶を飲みながら談話する
	с (со)	〜とともに	встать **с** восхо́дом со́лнца 日の出とともに起きる
前置格	в (во)	〜に	**в** ма́рте 3月に、 **в** 2001 году́ 2001年に **в** два́дцать пе́рвом ве́ке 21世紀に **в** нача́ле апре́ля 4月の最初に
	на	〜に	**на** э́той неде́ле 今週に、 **на** рассве́те 明け方に **на** дня́х 近い内に
	по	〜の直後に	**по** истече́нии сро́ка 期限満了直後に
	при	〜の時に	**при** феодали́зме 封建時代に **при** Ива́не Гро́зном イヴァン雷帝の治世に

接続詞

	接続詞		例
等位接続詞	и	そして、〜ながら <同時動作>	Анна́ сиди́т у окна́ **и** чита́ет журна́л. アンナは窓辺に座って雑誌を読んでいる。
		そして、〜してから <順次動作>	Он написа́л письмо́ **и** пошёл на по́чту. 彼は手紙を書き終えてから郵便局に出かけた。
		だから、〜なので <原因結果>	Э́то не дорого́й слова́рь, **и** он его́ ку́пит. それは高い辞書ではないので、彼は買うだろう。
	и́ли	或いは、〜か <二者択一>	Он идёт пешко́м **и́ли** е́дет на метро́. 彼は歩いていくか、地下鉄で行くかのどちらかである。
	а	一方では <対比>	Та́ня чита́ет кни́гу, **а** Ми́ша звони́т. ターニャは 本を読んでいる、一方、ミーシャは電話をしている。
		ところで <話題転換>	Как живёшь? Хорошо́, спаси́бо. **А** ты? 元気?元気だよ。ありがとう。ところで、君は？
	но	しかし、〜だが <逆接>	Они́ бы́ли за́няты, **но** они́ пошли́ смотре́ть футбо́л. 彼らは忙しかったが、サッカーを観に出かけた。
従属接続詞	что	〜ということを	Я ду́маю, **что** он до́брый челове́к. 私は、彼が善良な人間であると思う。
	чтобы	〜するために、〜するよう<目的>	Я взял такси́, **что́бы** успе́ть на по́езд. 私は列車に間に合うよう、タクシーに乗った。
		〜するように、〜するのを<願望・要求の対象>	Па́па хо́чет, **что́бы** я стал врачо́м. お父さんは私が医者になることを望んでいる。
	как	〜（の様子）を	Я ви́дел, **как** де́ти игра́ли в те́ннис. 私は、子供達がテニスをしているのを目にした。
		〜のように <様態>	В э́том году́ в Саппо́ро о́чень хо́лодно, **как** в Москве́. 今年の札幌はモスクワのようにとても寒い。
	ли	〜かどうかを <間接疑問>	Я не зна́ю, прие́хал **ли** он домо́й. 私は、彼が帰宅したかどうか知らない。
	когда́	〜する時、 〜してから	**Когда́** мне бы́ло шесть лет, я пошёл в шко́лу. 私は、6歳の時、学校に上がりました。
	потому́ что	〜だから、 なぜならば〜	Собра́ние перенесли́, **потому́ что** он заболе́л. 会議は延期された。なぜなら彼が病気になったから。
	так как	〜だから	**Так как** он стал депута́том, он вы́шел в отста́вку. 彼は議員になったので、退職した。
	так что	その結果、 〜だから <結果>	Он заболе́л, **так что** собра́ние перенесли́. 彼が病気になった。だから会議は延期された。
	е́сли	〜すれば <条件、仮定>	Е́сли за́втра бу́дет хоро́шая пого́да, я пое́ду в центр го́рода. 明日、天気が良ければ、都心に出かけます。

70　不定人称文、無人称文、述語による文の分類

（1）不定人称文

1. В Москве́ **стро́ят** собо́р.　モスクワでは寺院が建てられつつある。

2. **Говоря́т**, что он бога́тый челове́к.　彼は裕福な人だそうだ。

3. Меня́ **зову́т** Анто́н.　私の名前はアントンです。

（2）無人称文

	無人称述語の形	例
述語的副詞	形容詞短語尾中性形	Сего́дня **хо́лодно**. 今日は寒い **Хорошо́**! 素晴らしい！
	その他の形	**О́чень жаль**. とても残念だ。
	形容詞短語尾中性形＋動詞原形	Нам **ну́жно** бо́льше занима́ться. 私たちはもっと勉強しなければならない。 **Интере́сно** чита́ть кни́ги. 本を読むことは面白い。
	その他の形＋動詞原形	Здесь **нельзя́** кури́ть. ここでタバコを吸ってはいけない。 Уже́ **пора́** спать. もう寝る時間だ。
一般動詞	-ся の付かない動詞	**Повезло́**! ラッキー！ついていた！ **Хва́тит**! もうたくさんだ！
	-ся 動詞	Мне **хо́чется** спать. 私は眠りたい。 Нам **пришло́сь** пое́хать в Ки́ев. 私たちはキエフに行かなければならなくなった。
その他	数詞（数量代名詞）＋名詞生格	Мне девятна́дцать лет. 私は19才です。 На у́лице **бы́ло** мно́го наро́ду. 通りにはたくさんの人がいた。
	быть の否定＋名詞生格	У меня́ **не́ было** де́нег. 私にはお金がなかった。 В аудито́рии **не бу́дет** студе́нтов. 教室には学生達は来ないだろう。

（1）不定人称文

行為に注意が向けられ、行為の主体は問題にされない文。主語を示さず、述語のみを3人称複数形で用いる。受動文の代用として、非常によく用いられる文である。

На базáре они́ продаю́т рáзные товáры. ＜人称文＞
バザールで、彼らは、様々な品物を売っている。

На базáре продаю́т рáзные товáры. ＜不定人称文＞
バザールでは、様々な品物が売られている。

（2）無人称文

左記の(2)のような無人称述語を有する文を無人称文と言う。主語は存在しないが、主語が3人称単数中性形（онó）の時と同じ語形の述語によって表される。英語の「意味のない it」を用いる文に対応する文である。意味上の主語は、与格の（代）名詞で表される。

Сегóдня жáрко. (= It is hot today.)　今日は暑い。

Нам **трýдно** читáть э́тот текст. (= It is difficult for us to read this text.)
このテキストは読みづらい。

参考　述語による文の分類

文の種類	例　　　　文	備　　考
人称文	**Он врач.** 彼は医者です。 **Я люблю́ мýзыку.** 私は音楽が好きだ。	主格の主語がある文 ＜最も一般的な文＞
不定人称文	上記参照	
無人称文	上記参照	
普遍人称文	**Ти́ше éдешь, дáльше бýдешь.** ゆっくり行けば、遠くまで行ける（≒急がば回れ）。 **Без трудá не вы́нешь и ры́бку из прудá.** 苦労しなければ、小魚一匹池から捕れない→どんなことにも苦労はつきもの。 **Век живи́, век учи́сь.** 生きている限り勉強しなさい（≒学問は一生の仕事）。	・どんな人にも適用されうる動作を表す文 ・ふつう、2人称単数形の述語動詞が用いられるが、主語に来るべき ты は省略される ・命令形が用いられることもある ・諺に多く用いられる
不定法文	**Что нам дéлать?** 我々は何をなすべきか？ **Молчáть!** 黙れ！ **Не жить мне без тебя́!** 君なしでは私は生きていけない。	・未来において行われるべき必要な動作、不可避の動作、望ましい動作を表す文 ・動詞の不定形（原形）が用いられる。

71 　語順

普通の語順

語順	例文 （下線部が「新出の情報」）	例文が答えになるような 疑問文	備考
主語＋動詞	Антóн <u>гуля́ет</u>. アントンは散歩している。 Антóн <u>звони́т</u>. アントンは電話をかけている。	Что де́лает Антóн? アントンは何をしているか。 Что де́лает Антóн? アントンは何をしているか。	述語動詞が 「新出の情報」
動詞＋主語	Там гуля́ет <u>Антóн</u>. あそこで散歩しているのはアントンだ。 Звони́т <u>Антóн</u>. 電話をかけているのはアントンだ。 У меня́ боли́т <u>голова́</u>. 私は頭が痛い。	Кто гуля́ет там? 誰があそこで散歩しているのか。 Кто звони́т? 誰が電話しているのか。 Что у Вас боли́т? あなたはどこが痛いのか。	主語が 「新出の情報」
動詞＋主語	<u>Наступи́ла весна́</u>. 春が来た <u>Начала́сь гроза́</u>. 雷雨が始まった。 <u>Шёл дождь</u>. 雨が降っていた。 <u>Состоя́лся конгре́сс</u>. 学会が行われた。	Что случи́лось? 何が起こったのか。 Что случи́лось? 何が起こったのか。 Кака́я была́ пого́да? どんな天気なのか。 Что бы́ло? 何があったのか。	発生、開始、存在、天気等を表す文で、全体が「新出の情報」となっている場合、動詞が主語に先行するのが普通である。
主語＋動詞＋目的語	Антóн купи́л <u>су́мку</u>. アントンはバッグを買った。 Антóн лю́бит <u>Ната́шу</u>. アントンはナターシャを愛している。	Что купи́л Антóн? アントンは何を買ったのか。 Кого́ лю́бит Антóн? アントンは誰を愛しているのか。	目的語が 「新出の情報」
目的語＋動詞＋主語	Су́мку купи́л <u>Антóн</u>. バッグを買ったのは、アントンだ。 Ната́шу лю́бит <u>Антóн</u>. ナターシャを愛しているのはアントンだ。	Кто купи́л су́мку? 誰がバッグを買ったのか。 Кто лю́бит Ната́шу? 誰がナターシャを愛しているのか。	主語が 「新出の情報」
主語＋目的語＋動詞	Антóн су́мку <u>купи́л</u>. アントンはそのバッグを買ったのだ。 （もらったり、交換したのではなく）	Как Антóн доста́л су́мку? アントンはどうやってそのバッグを手に入れたのか?	述語動詞が 「新出の情報」

解説

（1）語順

　ロシア語の語順は、基本的には英語と同様に「主語－動詞－目的語」の順であるが、英語に比べ、はるかに柔軟である。なぜなら、ロシア語では、名詞、形容詞などが格変化をするので、その変化語尾によって文の機能（主語、目的語など）をあらわすことができるからである。しかし、これは、ロシア語では語順が全く自由であるということではない。

（2）新出の情報と既知の情報

　言葉を発するときは、何らかの「新出の情報」を含んでいる。そして、普通、言語は「新出の情報」を含んでいる部分をはっきりとさせる手段を持っている。ロシア語では、これを語順であらわす傾向がある。

ロシア語の語順の原則

既知の情報 － 新出の情報

a. <u>Антóн</u> любит <u>Натáшу</u>.
　　　　　　既知　　　　　　新出

　この文は、普通、Когó любит Антóн?の答えになる文と考えられるので、「アントンが愛しているのはナターシャだ。」と訳すことができる。

b. <u>Натáшу</u> любит <u>Антóн</u>.
　　　　　　既知　　　　　　新出

　この文は、普通、Кто лю́бит Натáшу?の答えになる文と考えられるので、「ナターシャを愛しているのはアントンである。」と訳すことができる。

> 英語では、「既知の情報」を定冠詞 the で、「新出の情報」を不定冠詞 a, an で表す傾向があるが、冠詞のないロシア語では、同じ内容の情報を語順操作によって表す。

c. <u>На столé</u> <u>кни́га</u>. (= There is <u>a book</u> on the desk. 机の上に本がある。)
　　　　既知　　　新出

　この文は、Что на столé?の答えになる文である。

d. <u>Кни́га</u> <u>на столé</u>. (= <u>The book</u> is on the desk. その本は机の上にある。)
　　　　既知　　　新出

　この文は、Где кни́га?の答えになる文である。

（3）「普通の語順」を逸脱した特異な語順の文

　上述のように、ロシア語の語順は、基本的には「主語－動詞－目的語」の順であるが、「既知の情報－新出の情報」という語順の原則がその上を覆っている。つまり、主語が「新出の情報」であれば、文末に置かれても、「普通の語順」なのである。この「普通の語順」を逸脱した場合は、特異な語順となり、強い語調で発音され、感情のこもった文になる。

－Что у Вас боли́т?
　　－ <u>У меня́ боли́т голова́</u>. （普通の語順）
　　－ <u>У меня́ **голова́** боли́т</u>. （特異な語順；感情のこもった表現）

－ Кто звони́т?
　　－ <u>Звони́т Антóн</u>. （普通の語順）
　　－ <u>**Антóн** звони́т</u>. （特異な語順；感情のこもった表現）

コラム④ （時の表現Ⅰ）

四　季	昼　夜
весна́ – весно́й　春 （に）	у́тро – у́тром　朝 （に）
ле́то – ле́том　夏 （に）	день – днём　昼 （に）
о́сень – о́сенью　秋 （に）	ве́чер – ве́чером　晩 （に）
зима́ – зимо́й　冬 （に）	ночь – но́чью　夜 （に）

月	今日、昨日、明日など
янва́рь – в январе́　1 月 （に）	сего́дня 名副　今日
февра́ль – в феврале́　2 月 （に）	вчера́ 名副　昨日
март – в ма́рте　3 月 （に）	за́втра 名副　明日
апре́ль – в апре́ле　4 月 （に）	э́тот год – в э́том году́　今年 （に）
май – в ма́е　5 月 （に）	про́шлый год – в про́шлом году́　昨年 （に）
ию́нь – в ию́не　6 月 （に）	бу́дущий год – в бу́дущем году́　来年 （に）
ию́ль – в ию́ле　7 月 （に）	э́тот ме́сяц – в э́том ме́сяце　今月 （に）
а́вгуст – в а́вгусте　8 月 （に）	про́шлый ме́сяц – в про́шлом ме́сяце　先月 （に）
сентя́брь – в сентябре́　9 月 （に）	бу́дущий ме́сяц – в бу́дущем ме́сяце　来月 （に）
октя́брь – в октябре́　10 月 （に）	э́та неде́ля – на э́той неде́ле　今週 （に）
ноя́брь – в ноябре́　11 月 （に）	про́шлая неде́ля – на про́шлой неде́ле　先週 （に）
дека́брь – в декабре́　12 月 （に）	бу́дущая неде́ля – на бу́дущей неде́ле　来週 （に）

曜　日	日
понеде́льник – в понеде́льник　月曜日 （に）	пе́рвое – пе́рвого　1 日 （に）
вто́рник – во вто́рник　火曜日 （に）	второ́е – второ́го　2 日 （に）
среда́ – в сре́ду　水曜日 （に）	тре́тье – тре́тьего　3 日 （に）
четве́рг – в четве́рг　木曜日 （に）	четвёртое – четвёртого　4 日 （に）
пя́тница – в пя́тницу　金曜日 （に）	оди́ннадцатое – оди́ннадцатого　11 日 （に）
суббо́та – в суббо́ту　土曜日 （に）	двадца́тое – двадца́того　20 日 （に）
воскресе́нье – в воскресе́нье　日曜日 （に）	два́дцать пе́рвое – два́дцать пе́рвого　21 日 （に）

年　　月　　日
1988 (ты́сяча девятьсо́т во́семьдесят восьмо́й) год　　1988 年
в 1988 (ты́сяча девятьсо́т во́семьдесят восьмо́м) году́　　1988 年に
янва́рь 1988 (ты́сяча девятьсо́т во́семьдесят восьмо́го) го́да　　1988 年 1 月
в январе́ 1988 (ты́сяча девятьсо́т во́семьдесят восьмо́го) го́да　　1988 年 1 月に
пе́рвое января́ 1988 (ты́сяча девятьсо́т во́семьдесят восьмо́го) го́да　　1988 年 1 月 1 日
пе́рвого января́ 1988 (ты́сяча девятьсо́т во́семьдесят восьмо́го) го́да　　1988 年 1 月 1 日に

コラム⑤　（時の表現Ⅱ）

時　分
пе́рвый час – в пе́рвом часу́　第1時（＝0時〜1時）（に）、0時過ぎ（に）
пя́тый час – в пя́том часу́　第5時（＝4時〜5時）（に）、4時過ぎ（に）
(оди́н) час – в (оди́н) час　1時（に）
два часа́ – в два часа́　2時（に）
пять часо́в – в пять часо́в　5時（に）
четы́ре часа́ (одна́) мину́та – в четы́ре часа́ (одну́) мину́ту　4時1分（に）
(одна́) мину́та пя́того (ча́са) – в (одну́) мину́ту пя́того (ча́са)　4時1分（に）
ноль часо́в два́дцать две мину́ты – в ноль часо́в два́дцать две мину́ты　0時22分（に）
два́дцать две мину́ты пе́рвого (ча́са) – в два́дцать две мину́ты пе́рвого (ча́са)　0時22分（に）
шесть часо́в пять мину́т – в шесть часо́в пять мину́т　6時5分（に）
пять мину́т седьмо́го (ча́са) – в пять мину́т седьмо́го (ча́са)　6時5分（に）
семь часо́в пятна́дцать мину́т – в семь часо́в пятна́дцать мину́т　7時15分（に）
пятна́дцать мину́т восьмо́го (ча́са) – в пятна́дцать мину́т восьмо́го (ча́са)　7時15分（に）
че́тверть восьмо́го (ча́са) – в че́тверть восьмо́го (ча́са)　7時15分（に）
во́семь часо́в три́дцать мину́т – в во́семь часо́в три́дцать мину́т　8時30分（に）
три́дцать мину́т девя́того (ча́са) – в три́дцать мину́т девя́того (ча́са)　8時30分（に）
полови́на девя́того (ча́са) – в полови́не девя́того (ча́са)　8時30分（に）
два часа́ пятьдеся́т пять мину́т – в два часа́ пятьдеся́т пять мину́т　2時55分（に）
без пяти́ три (часа́) – без пяти́ три (часа́)　3時5分前（に）　※ *в без* とはならない
(оди́н) час со́рок пять мину́т – в (оди́н) час со́рок пять мину́т　1時45分（に）
без че́тверти два (часа́) – без че́тверти два (часа́)　2時15分前（に）　※ *в без* とはならない
о̀коло (одного́) ча́са – о̀коло (одного́) ча́са　1時頃（に）　※ *в о̀коло* とはならない
час оди́н – час в оди́н　1時頃（に）
приблизи́тельно (оди́н) час – приблизи́тельно в (оди́н) час　1時頃（に）
о̀коло дву̀х часо́в – о̀коло дву̀х часо́в　2時頃（に）　※ *в о̀коло* とはならない
часа́ два – часа́ в два　2時頃（に）
приблизи́тельно два часа́ – приблизи́тельно в два часа́　2時頃（に）
о̀коло пяти́ часо́в – о̀коло пяти́ часо́в　5時頃（に）　※ *в о̀коло* とはならない
часо́в пять – часо́в в пять　5時頃（に）
приблизи́тельно пять часо́в – приблизи́тельно в пять часо́в　5時頃（に）

コラム⑥　（場所、方向の表現）

где? (どこで、どこに)	куда? (どこへ)	откуда? (どこから)
в университе́те 大学で	в университе́т 大学へ	из университе́та 大学から
в Москве́ モスクワで	в Москву́ モスクワへ	из Москвы́ モスクワから
на по́чте 郵便局で	на по́чту 郵便局へ	с по́чты 郵便局から
на ю́ге 南で	на юг 南へ	с ю́га 南から
у меня́ 私の所で	ко мне 私の所へ	от меня́ 私（の所）から
у Вас あなたの所で	к Вам あなたの所へ	от Вас あなた（の所）から
у себя́ 自分のところで	к себе́ 自分（の所）の方へ	от себя́ 自分（の所）から
у Ле́ны レーナの所で	к Ле́не レーナの所へ	от Ле́ны レーナ（の所）から
у окна́ 窓辺で（窓の近くで）	к окну́ 窓辺へ（窓の近くへ）	от окна́ 窓辺から（窓の近くから）
за грани́цей 外国で	за грани́цу 外国へ	из-за грани́цы 外国から
за́ городом 郊外で	за́ город 郊外へ	из-за го́рода 郊外から
сиде́ть за столо́м 食卓についている	сесть за стол 食卓につく	встать из-за стола́ 食卓から立つ
под столо́м 机の下で	под стол 机の下へ	из-под стола́ 机の下から
до́ма 家で	домо́й 家へ	и́з дому (из до́ма) 家から
здесь ここで	сюда́ ここへ	отсю́да ここから
там あそこで	туда́ あそこへ	отту́да あそこから
далеко́ 遠くで	далеко́ 遠くへ	издалека́ (издалёка) 遠くから

указа́тель в метро́ （地下鉄内の標識）

コラム⑦ （分数と小数）

	分数・小数の読み方	対応する分数詞的単語	注
$\frac{1}{2}$	одна́ втора́я [注1]	полови́на [注4]	1. одна́ втора́я до́ля едини́цы の省略
$\frac{1}{3}$	одна́ тре́тья	(одна́) треть [注4]	・до́ля едини́цы の部分は常に省略される
$\frac{2}{3}$	две тре́тьих [注2]	две тре́ти	・до́ля は「〜分の一」、едини́цы は едини́ца「(数字の) 1」の単数生格)
$\frac{1}{4}$	одна́ четвёртая	(одна́) че́тверть [注4]	
$\frac{3}{4}$	три четвёртых*	три че́тверти	
$\frac{1}{10}$	одна́ деся́тая		2. 2以上の基本数詞と結合する場合、順序数詞は複数生格になる
$\frac{1}{100}$	одна́ со́тая		3. одна́ це́лая едини́ца の省略
$\frac{1}{1000}$	одна́ ты́сячная		・едини́ца の部分は、常に省略される
$1\frac{1}{2}$	одна́ це́лая [注3] одна́ втора́я [注1]	полтора́ (男・中) [注5] полторы́ (女)	・це́лая (це́лых) の代わりに、и を用いることもできる одна́ и одна́ втора́я
$2\frac{1}{4}$	две це́лых одна́ четвёртая		
0,1	ноль це́лых одна́ деся́тая		4. полови́на, че́тверть, треть は、女性名詞として扱われる
0,2	ноль це́лых две деся́тых		・後に続く名詞は生格となる
0,5	ноль це́лых пять деся́тых	(одна́) полови́на	полови́на я́блока (リンゴ半分)
0,01	ноль це́лых одна́ со́тая		
0,25	ноль це́лых два́дцать пять со́тых	(одна́) че́тверть	
0,001	ноль це́лых одна́ ты́сячная		5. полтора́は、два と同様の性・数・格の形容詞・名詞結合を作る
0, 115	ноль це́лых сто пятна́дцать ты́сячных		полтора́ го́да (1年半) полторы́ неде́ли (1.5週間)
1,5	одна́ це́лая пять деся́тых	полтора́ (男・中) полторы́ (女)	
2,5	две це́лых пять деся́тых	два (/две) с полови́ной [注6]	6. два с полови́ной のような表現は с полови́ной のない個数詞だけの場合と同様の語形の名詞を後に続ける
5,25	пять це́лых два́дцать пять со́тых	пять с че́твертью [注6]	в́осемь с полови́ной ме́тров (8.5m)
5,555	пять це́лых пятьсо́т пятьдеся́т пять ты́сячных		

※ 「分数詞、小数」が「名詞、形容詞」と結合する際、「名詞、形容詞」は「分数、小数」の格変化にかかわらず、常に生格である。

одна́ четвёртая (до́ля едини́цы) студе́нтов　4分の1の学生たち（←学生たちの4分の1）
　　　　　　　　　　　　　　　複数生格

одна́ четвёртая (до́ля едини́цы) жи́зни　4分の1の人生（←人生の4分の1）
　　　　　　　　　　　　　　単数生格

コラム⑧ (集合数詞 дво́е, тро́е など)

主	дво́е	тро́е	че́тверо
生	двои́х	трои́х	четверы́х
与	двои́м	трои́м	четверы́м
対	主または生	主または生	主または生
造	двои́ми	трои́ми	четверы́ми
前	двои́х	трои́х	четверы́х

1. 集合数詞 (主格) とともに用いられる形容詞や名詞は、複数生格となる。
2. 主格以外の格 (斜格) の集合数詞とともに用いられる形容詞や名詞は、その集合数詞と同じ格の複数形となる。

例 к двои́м де́тям (2 人の子供達のところへ)

※ дво́е, тро́е, че́тверо が特に頻繁に用いられ、пя́теро, ше́стеро, се́меро, во́сьмеро, де́вятеро, де́сятеро が用いられることは多くない。

用法	例
名詞を伴わず、名詞的に用いる <主に人称代名詞複数とともに用いられる>	Нас бы́ло дво́е: брат и я. 私たちは兄と私の 2 人だった。 но́мер на двои́х　ツイン・ルーム（двои́х は дво́е の対格）
人を表す複数名詞 де́ти「子供たち」、лю́ди「人々」等とともに用いられる	тро́е дете́й　3 人の子供たち
複数形しかない су́тки「昼夜」、часы́「時計」、очки́「眼鏡」等の不活動体名詞とともに	че́тверо су́ток　4 昼夜
対（つい）で用いられる носки́「ソックス」、перча́тки「手袋」等の名詞とともに	пя́теро носо́к (=пять пар носо́к)　5 足のソックス（носо́к は носки́の複数生格）
男を表す名詞 брат「兄弟」、мужчи́на「男」等とともに　<口語的>	дво́е бра́тьев (=два бра́та)　2 人の兄弟
動物の子を表す цыплёнок「(ニワトリなどの)ひな」、щено́к「子犬」、котёнок「子猫」等の男性名詞とともに	во́сьмеро щеня́т (=во́семь щеня́т)　8 匹の子犬

コラム⑨ (о́ба, полтора́, полчаса́など)

	о́ба「両方の」		полтора́「1.5」		полчаса́「半時間」		пол-＋名詞（生格）「半分の～」
	男性・中性	女性	男性・中性	女性	単数	複数（稀用）	単数
主	о́ба	о́бе	полтора́	полторы́	полчаса́	получа́сы	пол-＋生格
生	обо́их	обе́их	полу́тора		получа́са	получа́сов	полу-＋生格
与	обо́им	обе́им	полу́тора		получа́су	получа́сам	полу-＋与格
対	主または生	主または生	полтора́	полторы́	получа́са́	получа́сы	пол-＋生格
造	обо́ими	обе́ими	полу́тора		получа́сом	получаса́ми	полу-＋造格
前	обо́их	обе́их	полу́тора		получа́се	получаса́х	полу-＋前置格

1. о́ба (о́бе) の後ろに続く形容詞と名詞の数と格は、個数詞の два (две) と同様である（詳しくは、49 の p. 109 を参照。）。о́ба спосо́бных студе́нта「両方の有能な学生たち」
2. полтора́ (полторы́) の後ろに続く名詞の数と格は、個数詞の два (две) と同様である（詳しくは、49 の p. 109 を参照。）。полтора́ го́да「1.5 年、1 年半」, полторы́ неде́ли「1.5 週間」

基礎語彙集

　日本で実施されているロシア語検定試験の受験要領では、4級の語彙レベルが500語と記されているが、その中にどのような単語が含まれるかは公表されていない。しかし、受験希望者はどのような語彙を覚えるべきか非常に気になるようである。そこで、過去6年分の検定試験問題で出題された語彙を調べてみた。その結果、異なり語数が621であること、各年度により出題される単語にかなりの揺れがあること等が判明した。6年間で1回しか出題されていない単語が263語（42%）に上っている。

　一方、ロシアでは、ロシア文部科学省認定の「外国人のためのロシア語能力認定試験（ТРКИ）」が実施されており、試験準備のための参考書が数多く出版されている。その一つである語彙集は、レベル毎に編集されている。最下級である入門レベルの試験準備のための語彙集には、775語が挙げられている。この語彙数は日本のロシア語検定4級の語彙レベルを少し超えた数である。

　この二つの検定試験を比較した結果、共通する語彙は431語（A）であることがわかった。つまり、日本の検定試験だけで出題された語彙数は190語ということになる。その90%は6年間に1,2回しか出題されなかった単語である。一方、6年間ずっと出題された単語はすべてТРКИの語彙集に含まれていた。

　ロシア語検定試験3級に関しても同様の調査を行なった。受験要領では語彙レベルが1000語と記されているが、過去6回分の検定試験問題で出題された異なり語数は1184語であり、6回の試験のうち1回しか出題されていない単語が605語に上っている。一方、ТРКИの基礎レベル（入門レベルのひとつ上のレベル）の語彙集には1332語挙げられている。ロシア語検定3級の出題語彙とТРКИの基礎レベルの語彙を比較した結果、共通する語彙が740語（B）であるということが分かった。

　さらに、意外なことであるが、（B）の語彙リストに、（A）の語彙リスト中の74語（C）が含まれていないということがわかった。

　以上のことから、日露の両検定試験における共通の語彙を考慮すると、4級受験者は431語、3級受験者は814語（B＋C）が先ず覚えるべき単語であると言ってよいと思われるので、次ページ以降に一覧表の形で掲載する。この語彙調査に関しての詳細は、拙著『ロシア語の基礎語彙について(1)』（北海学園大学学園論集第112号、2002年6月）、『ロシア語の基礎語彙について(2)』（北海学園大学学園論集第148号、2011年6月）を参照いただきたい。

基本単語 814 語 （下記の(B)+(C)）

(A) 日本のロシア語検定 4 級とロシアの ТРКИ 入門レベルの語彙集に共通する単語 431 語

(B) 日本のロシア語検定 3 級とロシアの ТРКИ 基礎レベルの語彙集に共通する単語 740 語

(C) （B）の中に含まれない（A）の単語 74 語

*印の単語は、日本のロシア語検定 4 級とロシアの ТРКИ 入門レベルの語彙集に共通する単語 431 語

*a	ところで（文頭で）、一方（文中で）	ва́жный	重要な
*а́вгуст	8 月	*ваш	あなた（方）の
*автобус	バス	вдруг	突然
*а́втор	作者	везде́	至るところで
*а́дрес	住所	везти́	不完 （乗り物で）運んでいく＜定動詞＞
*английский	イギリスの	век	世紀
англича́нин	イギリス人（男性）	ве́рить	不完 信じる
*апре́ль	4 月	верну́ться	完 戻る
*арти́ст	アーティスト	ве́село	陽気に
*аудито́рия	教室	*весёлый	陽気な、楽しい
аэропо́рт	空港	*весна́	春
*ба́бушка	祖母	весно́й	春に
бале́т	バレエ	*весь	全ての
бассе́йн	プール	ве́тер	風
бе́дный	貧しい	*ве́чер	夕方、晩
бежа́ть	不完 走る＜定動詞＞	*ве́чером	夕方に、晩に
без	〜なしで＜生格支配＞	вещь	物、品物
*бе́лый	白い	взять	完 手に取る、持っていく
бе́рег	岸	*ви́деть	不完 見る、見える
*библиоте́ка	図書館	*вино́	ワイン
*биле́т	チケット、切符	висе́ть	不完 〜が掛かっている
*бли́зко	近くに	включи́ть	完 加える、スイッチを入れる
бога́тый	豊かな	*вку́сно	おいしい
бо́лен	体の具合が悪い	*вме́сте	一緒に
больни́ца	病院	внима́ние	注意
бо́льше	もっと多く	внима́тельно	注意深く
*большо́й	大きな	внук	孫（男性）
*брат	兄（弟）	*вода́	水
брать	不完 手に取る、持って行く	води́ть	不完 導く＜不定動詞＞
*бу́дущий	未来の	во́дка	ヴォッカ
*бу́ква	文字	возвраща́ться	不完 戻る
буты́лка	ビン	вози́ть	不完 （乗り物で）運ぶ＜不定動詞＞
быва́ть	不完 （時々）ある、いる	войти́	完 （中へ）入る
*бы́стро	速く	*вокза́л	駅
*быть	不完 〜である、〜がある	*волейбо́л	バレーボール
*в	〜の中に、〜に	*вопро́с	質問
ваго́н	車両	*во́семь	（個数詞）8

*воскресéнье	日曜日
восьмóй	8番目の
*вот	ほらここに（あそこに）～がある
врач	医者
*врéмя	時
*всегдá	いつも
вспóмнить	完 思い出す
встрéтить	完 出会う
встрéтиться	完 落ち合う、出会う
*встречáть	不完 出会う
*втóрник	火曜日
вторóй	2番目の
*вход	入り口
*вчерá	昨日
*вы	あなた（達）は
вы́брать	完 選ぶ
вы́йти	完 （外へ）出る
вы́мыть	完 （食器、顔などを）洗う
высóкий	背が高い
вы́ставка	展覧会
выступáть	不完 出演する
выходи́ть	不完 （外へ）出る
*газéта	新聞
*где	どこに
герóй	英雄
гитáра	ギター
глáвный	主要な
*говори́ть	不完 話す
*год	年、歳
*головá	頭
*горá	山
*гóрод	都市
гости́ница	ホテル
*гость	客
готóв	準備ができている
*готóвить	不完 準備する
грáдус	度
грóмко	大きな声で
*грýппа	グループ
*гуля́ть	不完 散歩する
*да	はい
*давáй(те)	さあ～しましょう

*давáть	不完 与える
*давнó	ずっと前に
дáже	～でさえも
*далекó	遠くに、遠くへ
*дать	完 与える
*два	（個数詞）2
*двáдцать	（個数詞）20
двенáдцать	（個数詞）12
*дверь	ドア
двéсти	（個数詞）200
дéвочка	少女
*дéвушка	若い女性
девя́тый	9番目の
дéвять	（個数詞）9
*девятьсóт	（個数詞）900
*дéдушка	祖父
*декáбрь	12月
*дéлать	不完 する、作る
дéло	事柄、仕事
*день	日、曜日
дéньги	お金
дерéвня	村
*дéрево	木
держáть	不完 手に持っている、握っている
дéсять	（個数詞）10
*дéти	子供達
*дéтский	子供の
дивáн	ソファー
дирéктор	（企業、学校等の）長、校長
дли́нный	（空間的、時間的に）長い
*днём	昼間に
до	～まで＜生格支配＞
*дóбрый	良い、善良な
доéхать	完 （～まで）乗物で行く
дождь	雨
докумéнт	文書
*дóлго	長い間
*дóлжен	～しなければならない
*дом	家、集合住宅
*дóма	家に、家で
домáшний	家の
*домóй	家へ

*доро́га	道
*дорого́й	高価な、大切な
*до свида́ния	さようなら
*дочь	娘
*друг	友
*друго́й	他の
*ду́мать	不完 考える
душ	シャワー
*дя́дя	おじ
*его́	彼の、それの（он の、оно の）
*её	彼女の、それの（она の）
*е́здить	不完 乗り物で行く＜不定動詞＞
е́сли	もし～すれば
*есть (A)	～がある＜быть の現在形＞
есть (B)	不完 食べる
*е́хать	不完 乗り物で行く＜定動詞＞
*ещё	まだ、さらに
*жа́рко	暑い
*ждать	不完 待つ
*жела́ть	不完 望む
жёлтый	黄色の
*жена́	妻
жени́ться	完・不完（男性が）結婚する
же́нский	女性の
*же́нщина	女性
живо́й	元気のいい、生命力のある
*жизнь	生活、命
*жить	不完 住む、暮らす
*журна́л	雑誌
за	～に対して＜対格支配＞
забыва́ть	不完 忘れる
забы́ть	完 忘れる
*заво́д	（重化学工業の）工場
*за́втра	明日
*за́втрак	朝食
за́втракать	不完 朝食を食べる
зада́ние	課題、宿題
*зада́ча	問題、課題
заказа́ть	完 注文する
зака́зывать	不完 注文する
зака́нчивать	不完 終える、完成させる
зал	ホール

*занима́ться (A)	不完 勉強する
занима́ться (B)	不完 ～に従事する
заче́м	何のために
*звать	不完 呼ぶ
*звони́ть	不完 電話をかける
*зда́ние	ビル
*здесь	ここで
*здра́вствуй(те)	こんにちは
зелёный	緑の
*земля́	土地、地面
зе́ркало	鏡
*зима́	冬
*зимо́й	冬に
злой	邪悪な
знако́мый	知りあいの
*знать	不完 知っている
зна́чить	不完 意味する
золото́й	金の、金色の
зонт	傘
зо́нтик	傘
*и	そして
*игра́ть	不完 遊ぶ
игру́шка	おもちゃ
*идти́	不完 歩いて行く＜定動詞＞
*из	～（の中）から
*изве́стный	有名な
*изуча́ть	不完 研究する
*и́ли	あるいは
*и́мя	名前
*инжене́р	技師
*иногда́	時々
*иностра́нец	外国人
*иностра́нный	外国の
*институ́т	単科大学、研究所
*интере́сно	興味深い＜無人称文で＞
*интере́сный	興味深い
*интересова́ться	不完 興味を持っている
иска́ть	不完 探す
иску́сство	芸術
*испа́нский	スペインの
*исто́рик	歴史家
*исто́рия	歴史

*их	彼らの、それらの		*купить	完 買う
июнь	6月		*курить	不完 タバコを吸う
к	～の方へ<与格支配>		*курс	(大学の)学年
*каждый	各々の		*кухня	台所
казаться	不完 ～のように思われる		левый	左の
*как	どのように		легко	容易く
*какой	どのような		*лежать	不完 横たわっている
каникулы	(学校の)休暇		лекарство	薬
*карандаш	鉛筆		*лекция	講義
*карта	地図		лес	森
*картина	絵		лестница	階段
касса	(銀行、駅等の)支払い窓口		летать	不完 飛ぶ<不定動詞>
*кафе	カフェ		лететь	不完 飛ぶ<定動詞>
*квартира	集合住宅の1世帯用の部屋		летний	夏の
*кино	映画、映画館		лето	夏
*киоск	売店、キオスク		летом	夏に
*китайский	中国の		лёгкий	容易な、軽い
*класс	クラス、(小中高等学校)の学年		*литература	文学
*клуб	クラブ		лифт	エレベータ
*книга	本		*лицо	顔
*когда	いつ		*ложка	スプーン
команда	司令、指揮、部隊		лучше	より良く
*комната	部屋		лыжи	スキー
*композитор	作曲家		любимый	お気に入りの
компьютер	コンピュータ		*любить	不完 愛する、好きだ
конверт	封書		*люди	人々
*конец	最後、終わり		*магазин	店
*конечно	もちろん		магнитафон	テープ・レコーダ
*концерт	コンサート		*маленький	小さな
коридор	廊下		мало	ほとんど～でない
*кончить	完 終える		мальчик	少年
*костюм	スーツ		*мама	お母さん
*который	<関係代名詞>		марка	切手
*кофе	コーヒー		март	3月
кошка	猫		математик	数学者
*красивый	美しい		математика	数学
*красный	赤い		*мать	母
кровать	ベッド		*машина	車
круглый	丸い		*медленно	ゆっくりと
*кто	誰が		меньше	より少なく
*куда	どこへ		*место	場所、席
культура	文化		*месяц	月

*метро́	地下鉄	начина́ться	不完 始まる
мечта́	夢	*наш	私たちの
мечта́ть	不完 夢見る	*не	～でない
меша́ть	不完 邪魔する	не́бо	空
милиционе́р	警察官	невозмо́жно	有り得ない
ми́нус	マイナス	*неда́вно	最近
мину́та	分	*недалеко́	近くに
*мир	平和、世界	*неде́ля	週
*мла́дший	年下の	нельзя́	～できない、～してはいけない
мно́гие	多くの人々	неме́цкий	ドイツの
*мно́го	多くの	не́сколько	幾つかの
*мо́жет быть	多分	*нет (A)	いいえ
*мо́жно	～できる、～してよい	*нет (B)	～がない
*мой	私の	никто́	誰も～でない
*молодо́й	若い	никуда́	どこへも～でない
*молоко́	ミルク	*ничего́	大丈夫
*мо́ре	海	*ничто́	何も（～でない）
моско́вский	モスクワの	*но	しかし
мочь	不完 ～できる	*но́вый	新しい
*муж	夫	нога́	足
мужско́й	男性の	*нож	ナイフ
*мужчи́на	男性	ноль	ゼロ、零
*музе́й	博物館、美術館	но́мер	番号
*му́зыка	音楽	*норма́льно	正常に、普通に
*музыка́нт	音楽家	*ночь	夜
*мы	私たちは	*но́чью	夜に
*мя́со	肉	ноя́брь	11 月
*на	～の上に（～の上へ）、～に（～へ）	*нра́виться	不完 ～が気に入っている
наве́рное	多分	ну́жно	～しなければならない
*на́до	～しなければならない	*о	～について
наза́д	（時間）前に	*обе́д	昼食
найти́	完 発見する	*обе́дать	不完 昼食を食べる
наконе́ц	最後に	о́бувь	靴
*написа́ть	完 書く	*общежи́тие	寮
наприме́р	例えば	*обы́чно	普通
напро́тив	～の反対側に、～の向かいに	обяза́тельно	是非、必ず
*наро́д	民族、国民	о́вощи	野菜
*наро́дный	民族の、国民の	*оде́жда	衣服
*находи́ться	不完 ～がある	*оди́н	（個数詞）1
национа́льный	民族の、国の、国家の	оди́ннадцать	（個数詞）11
нача́ть	完 始める	однажды	一度、かつて
*начина́ть	不完 始める	о́зеро	湖

*окно́	窓		пешко́м	歩いて
о̀коло	～のそばに		*пиани́но	ピアノ
око́нчить	完 終える		пи́во	ビール
*октя́брь	10月		*писа́тель	作家
*он	彼は、それは		*писа́ть	不完 書く
*она́	彼女は、それは		*письмо́	手紙
*они́	彼（彼女）らは、それらは		*пить	不完 飲む
*оно́	それは		пла́вать	不完 泳ぐ＜不定動詞＞
опа́здывать	不完 遅れる		*пло́хо	悪く、下手に
опозда́ть	完 遅れる		плохо́й	悪い、下手な
опя́ть	再び		пло́щадь	広場
о́сень	秋		плыть	不完 泳ぐ＜不定動詞＞
*о́сенью	秋に		плюс	プラス
осмотре́ть	完 注意して見る		по	～に沿って
осо́бенно	特に		*по-англи́йски	英語で
остано́вка	停留所		поблагодари́ть	完 感謝する
отве́тить	完 答える		*повторя́ть	不完 繰り返す
*отвеча́ть	不完 答える		*пого́да	天気
отдохну́ть	完 休む		подари́ть	完 プレゼントする
*отдыха́ть	不完 休む		*пода́рок	プレゼント
*оте́ц	父		*подру́га	（女の）友だち
откры́тка	葉書		поду́мать	完 考える
откры́ть	完 開ける		*по́езд	列車
*отку́да	どこから		пое́здка	旅行
отсю́да	ここから		*пое́хать	完 乗り物で出発する
*о́чень	とても		*пожа́луйста	どうぞ
очки́	眼鏡		поза́втракать	完 朝食を食べる
па́дать	不完 落ちる、倒れる		позвони́ть	完 電話をかける
*пальто́	コート		*познако́миться	完 知り合いになる
*па́па	お父さん		*по-испа́нски	スペイン語で
*парк	公園		*пойти́	完 歩いて出発する
па́спорт	パスポート		показа́ть	完 見せる
пе́рвый	最初の、1番目の		*пока́зывать	不完 見せる
перевести́	完 翻訳する		*покупа́ть	不完 買う
*перево́дчик	通訳		пол	床
*переда́ча	放送		по́ле	野原、畑
перейти́	完 歩いて渡る		по́лка	棚
переры́в	休憩時間		полови́на	半分
перехо́д	移動、移行、横断場所		положи́ть	完 置く、横たえる
переходи́ть	不完 歩いて渡る		получа́ть	不完 受け取る
*пе́сня	歌		получи́ть	完 受け取る
*петь	不完 歌う		по́мнить	不完 覚えている

*помога́ть	不完 手伝う	
помо́чь	完 手伝う	
*понеде́льник	月曜日	
*понима́ть	不完 理解する	
понра́виться	完 気にいる	
поня́ть	完 理解する	
попроси́ть	完 頼む	
популя́рный	人気のある	
*по-ру́сски	ロシア語で	
*по́сле	～の後で<生格支配>	
после́дний	最後の、最新の	
*посмотре́ть	完 見る	
поста́вить	完 立てる、置く	
постро́ить	完 建設する	
*пото́м	後で	
*потому́ что	なぜならば	
поу́жинать	完 夕食を食べる	
*по-францу́зски	フランス語で	
*почему́	なぜ	
*по́чта	郵便局	
почти́	ほとんど	
*поэ́т	詩人	
поэ́тому	だから	
пра́вда	真実	
*пра́вильно	正しく	
прекра́сный	素晴らしい	
*преподава́тель	（男性の）教師	
*преподава́тельница	（女性の）教師	
преподава́ть	不完 教える	
приве́т	挨拶	
пригласи́ть	完 招く	
*приглаша́ть	不完 招く	
*прие́хать	完 （乗り物で）到着する	
*прийти́	完 （歩いて）到着する	
приходи́ть	不完 （歩いて）到着する	
пробле́ма	問題	
продолжа́ть	不完 続ける	
продолжа́ться	不完 続く	
проду́кты	食料品	
пройти́	完 （歩いて）通って行く	
*проси́ть	不完 頼む	
проспе́кт	大通り	

профе́ссия	職業
профе́ссор	教授
прочита́ть	完 読む
про́шлый	過去の、過ぎ去った
пря́мо	まっすぐに
пти́ца	鳥
путеше́ствовать	不完 旅行する
пятна́дцать	（個数詞）15
пя́тница	金曜日
пять	（個数詞）5
*рабо́та	仕事
*рабо́тать	不完 働く
*рад	嬉しい
*ра́дио	ラジオ
*раз	回、度
*разгова́ривать	不完 会話する
ра́зный	様々な
*райо́н	地区
ра́но	早く
ра́ньше	以前は
*расска́з	お話
*рассказа́ть	完 物語る
*расска́зывать	不完 物語る
ребёнок	赤ん坊、子供
река́	川
*ре́дко	まれに
*рестора́н	レストラン
реша́ть	不完 解く
реши́ть	完 解く
*рисова́ть	不完 描く
*ро́дина	故郷
*роди́тели	両親
роди́ться	完・不完 生まれる
*родно́й	生まれ故郷の
*рожде́ние	誕生
рома́н	長編小説
*руба́шка	シャツ
рубль	ルーブル
*рука́	手
*ру́сский	ロシアの
*ру́чка	ペン
ры́нок	市場

*ры́ба	魚	*смотре́ть	不完 見る
ря́дом	並んで	смочь	完 ～できる
*с	～と一緒に	снача́ла	はじめに
*сад	庭	*снег	雪
сам	自分で	сно́ва	再び
самолёт	飛行機	соба́ка	犬
са́мый	最も～な	собира́ть	不完 集める
сапоги́	ブーツ	собра́ть	完 集める
*са́хар	砂糖	сове́т	助言
свет	光、明かり	сове́товать	不完 助言する
све́тлый	明るい	совреме́нный	現代的な
*свобо́дный	自由な	согла́сен	同意している
*свой	自分の	*сок	ジュース
сде́лать	完 する、作る	со́лнце	太陽
себя́	自分自身	*соль	塩
*сего́дня	今日	со́рок	(数詞) 40
седьмо́й	7番目の	*сосе́д	隣人
*сейча́с	今	сосе́дний	隣の
семна́дцать	(個数詞) 17	*спаси́бо	ありがとう
семь	(個数詞) 7	спать	不完 眠る
*семья́	家族	споко́йно	平穏に
*сентя́брь	9月	споко́йный	平穏な
се́рый	灰色の	*спорт	スポーツ
серьёзно	真面目に	спорти́вный	スポーツの
*серьёзный	真面目な	спортсме́н	スポーツマン
*сестра́	姉（妹）	*спра́ва	右に、右から
сесть	完 座る	*спра́шивать	不完 質問する
сигаре́та	タバコ	*спроси́ть	完 質問する
*сиде́ть	不完 座っている	сра́зу	即時に、一気に
си́льный	強い	*среда́	水曜日
*си́ний	青い	ста́вить	不完 置く
*сказа́ть	完 話す	стадио́н	スタジアム
*ско́лько	どのくらい多くの	ста́нция	駅
*ско́ро	間もなく	*ста́рший	年上の
ску́чно	退屈だ＜無人称文で＞	ста́рый	古い
*сле́ва	左に、左から	стать	完 ～になる
сле́дующий	次の	*статья́	記事、論文
*слова́рь	辞書	*стена́	壁
*сло́во	単語	*стихи́	詩
случи́ться	完 起こる	сто́ить	不完 ～に値する
*слу́шать	不完 聞く	*стол	机、テーブル
смея́ться	不完 笑う、嘲笑する	*столо́вая	食堂

*стоя́ть	不完 立っている	туда́	そこへ
страна́	国	*тури́ст	旅行者
*стро́ить	不完 建てる	тут	ここに
*студе́нт	男子学生	*ты	君は
*студе́нтка	女子学生	*ты́сяча	（個数詞）1000
*студе́нческий	学生の	тяжёлый	重い
*стул	いす	*у	～のところで
*суббо́та	土曜日	уважа́емый	尊敬すべき
сувени́р	お土産	уважа́ть	不完 尊敬する
су́мка	バッグ	уви́деть	完 見える、見かける
*счастли́вый	幸福な	удо́бный	便利な
*сча́стье	幸福	удово́льствие	満足
*сын	息子	уе́хать	完 （乗物で）去る
*так	このように	*уже́	もうすでに
тако́й	このような	*у́жин	夕食
*такси́	タクシー	*у́жинать	不完 夕食を食べる
*там	あそこで	у́зкий	狭い
*твой	君の	уйти́	完 （歩いて）去る
*теа́тр	劇場	*у́лица	通り
*телеви́зор	テレビ	умере́ть	完 死ぬ
*телефо́н	電話	уме́ть	不完 ～する能力がある
тёмный	暗い	у́мный	賢い
температу́ра	気温	*университе́т	総合大学
*те́ннис	テニス	упа́сть	完 落ちる、倒れる
*тепе́рь	今は	упражне́ние	練習問題、訓練
*тепло́	暖かい＜無人称文で＞	*уро́к	授業、レッスン
тёплый	暖かい	успе́х	成功
теря́ть	不完 失う	уста́ть	完 疲れる
*тетра́дь	ノート	*у́тро	朝
ти́хо	静かに	*у́тром	朝に
тогда́	そのとき	уходи́ть	不完 （歩いて）去る
*то́же	～もまた	уча́ствовать	不完 参加する
*то́лько	～だけ	*уче́бник	教科書
тот	あの	учени́к	（男の）生徒
*трамва́й	路面電車	учени́ца	（女の）生徒
тра́нспорт	交通機関	*учёный	学者
тре́тий	3番目の	*учи́тель	（男性の）教師
*три	（個数詞）3	*учи́тельница	（女性の）教師
три́дцать	（個数詞）30	*учи́ть	不完 教える、覚える
тролле́йбус	トロリーバス	*учи́ться	不完 学ぶ
*тру́дно	困難な＜無人称文で＞	факульте́т	学部
тру́дный	困難な	*фами́лия	姓

*февра́ль	2月	*чей	誰の
филологи́ческий	言語・文学研究の	*челове́к	人
*фильм	映画	чем	～よりも
фи́рма	会社	чемпио́н	チャンピオン
фотоаппара́т	カメラ	чѐрез	～を横切って、(時間)～後に
*фотографи́ровать	不完 写真を撮る	*четве́рг	木曜日
*фотогра́фия	写真	*четы́ре	（個数詞）4
францу́з	フランス人男性	*число́	～日、日付
*францу́зский	フランスの	*чита́ть	不完 読む
*футбо́л	サッカー	*что (А)	何
футболи́ст	サッカー選手	*что (Б)	～ということ
хара́ктер	性格	чтобы	～するために
*хлеб	パン	чу́вствовать	不完 感じる
*ходи́ть	不完 （歩いて）行く・来る	*ша́пка	帽子
хозя́ин	家長、主人	шесть	（個数詞）6
*хо́лодно	寒い＜無人称文で＞	*шестьдеся́т	（個数詞）60
холо́дный	寒い	широ́кий	幅広い
*хоро́ший	素晴らしい	шкаф	戸棚、タンス
*хорошо́	素晴らしい＜無人称文で＞	*шко́ла	学校
*хоте́ть	不完 ～したい	шко́льник	学校の生徒
худо́жник	画家	*экза́мен	試験
ху́же	より悪く	экономи́ст	経済専門家
царь	皇帝	экску́рсия	遠足
*цветы́	花	*эта́ж	階
целова́ть	不完 キスする	*э́то	これ（ら）は、それ（ら）は
це́лый	全部の、丸ごとの	*э́тот	この
*центр	中心	ю́бка	スカート
центра́льный	中心の	юг	南
*чай	茶	*я	私は
*час	時間、～時	*язы́к	言語
*ча́сто	しばしば	янва́рь	1月
*часы́	時計		

索引

※主要なページを太字で表現している

170

171

寺田　吉孝（てらだよしたか）

神戸市生まれ
大阪外国語大学（現大阪大学外国語学部）大学院修士課程修了（ロシア語学専攻）
現在、北海学園大学人文学部教授

表紙の写真:
スーズダリ（Суздаль）市を流れるカーメンカ(Каменка)川のほとり。
カーメンカ川は、ヴォルガ(Волга)水系のオカ(Ока)川の支流クリャジマ(Клязьма)川
の支流ネルリ(Нерль)川の支流。

【四訂版】
入門者および初級者のための
ロシア語文法ハンドブック

2004 年 9 月 30 日　初版発行
2008 年 4 月 1 日　改訂版発行
2012 年 10 月 1 日　三訂版発行
2020 年 5 月 1 日　四訂版発行

著　者　　寺田 吉孝

発　行　　アーバンプロ出版センター
　　　　　〒 182-0006 東京都調布市菊野台 2-23-3-501
　　　　　TEL 042-489-8838　　FAX 042-489-8968
　　　　　URL http://www.urban-pro.com　振替 00190-2-189820

　　　　　印刷・製本　　中央精版印刷（株）
　　　　　定価　　　　　本体 1,200 円（税別）

©Yoshitaka Terada　　　　Printed in Japan　　　　ISBN978489981023　C1087